戦前期日本の
対タイ文化事業

発想の起点と文化事業の特性との関連性

佐藤照雄 [著] *Teruo Sato*

柘植書房新社

はしがき

　本書は、19世紀末から1930年代半ばにかけて、日本・タイ両国間の親交を深めるために実施された日本の対タイ文化事業について、「現地」対「中央」という独自的な視座からその発想経緯や成立過程を分析・検討し、文化事業の特性との関連性を考究することを目的として書かれたものです。

　当該文化事業の主要アクターとして、稲垣満次郎と矢田部保吉の2名を挙げることができます。両者は、タイ（当時の国名はシャム）駐劄公使として、タイ在任期間が長く、稲垣はチュラーロンコーン王の絶対王政時代の王室から、また、矢田部は立憲革命政府からと時代は異なりますが、それぞれ時の政権から信頼され、文化事業面でも一定の功績を残した点は共通しています。また、彼らが相手国タイに対して暖かいまなざしを持って接していたことも共通していたと言えましょう。

　本書では彼らがそれぞれ、どのような環境のもとで、どのような発想の経緯を経て、新しい文化事業の歴史を築いていったかを、当時の膨大なデータを丹念に整理分析して著したものです。これらの研究結果が、決してその時代だけでなく、今後の国際文化事業に対しても一定の示唆を与え得ることをお読みいただけたら幸甚です。

　本年は、日本・タイ両国間の国交が、1887年の「修好通商ニ関スル日本国暹羅国間ノ宣言」調印によって正式に開始されてから130年にあたります。この節目の年に本書を出版できることは望外の喜びであります。

　この書を手に取っていただいた皆様に心より感謝をこめて本書刊行のはしがきとさせていただきます。

　2017年9月

佐藤　照雄

戦前期日本の対タイ文化事業
―発想の起点と文化事業の特性との関連性―

◆目次◆

はしがき …………………………………………………………………… 3

序章 ………………………………………………………………………… 9
1．研究目的 13
2．研究課題と意義 15
3．先行研究 17
4．研究方法 25
5．論文の構成 25

第1章　国際文化事業と対タイ文化事業………………………………… 31
第1節　国際文化事業 32
第2節　欧米諸国の対タイ文化事業 37
第3節　日本の対タイ文化事業 43
小結 50

第2章　稲垣満次郎とタイ………………………………………………… 55
第1節　東邦協会と稲垣満次郎 56
第2節　最初のタイ訪問および日タイ条約締結推進 60
第3節　タイ駐剳公使時代 66
第4節　ワチラーウット皇太子の来日 70
1．ワチラーウット皇太子来日の経緯 71
2．国王ラーマ5世の日本訪問問題 74
3．皇太子奉迎使の来日 79
4．皇太子日本滞在状況 80
小結 85

第3章　仏骨奉迎事業……………………………………………………… 91
第1節　仏骨の発掘と分与 92
第2節　仏骨の奉迎 98
第3節　仏骨の奉安 102
小結 110

第4章　タイ皇后派遣学生の日本留学………………………………… 113
第1節　稲垣満次郎の働きかけ 114
第2節　留学生の修学状況 118

1．タイ皇后からの報告要請　118
　　　2．第1回修学状況報告　119
　　　3．女子留学生の修学状況　121
　　　4．男子留学生の修学状況　130
　　　5．報告書の送付要請　136
　　第3節　日本側の対応とその背景　137
　　小結　140

第5章　矢田部保吉と伊藤次郎左衛門 …………………………… 143
　　第1節　タイにおけるイギリスの勢力　144
　　第2節　日本外務省の対東南アジア観　148
　　第3節　奨学事業発案の経緯　149
　　第4節　伊藤家の家憲「諸悪莫作、衆善奉行」　152
　　第5節　インド仏蹟巡拝旅行　154
　　小結　157

第6章　招致留学生奨学資金制度 ……………………………… 163
　　第1節　矢田部保吉の問題提起と日本側の対応　164
　　第2節　矢田部試案と名古屋市試案　168
　　第3節　名古屋日暹協会　177
　　第4節　留学生の選考と招致　181
　　第5節　奨学事業の意義　195
　　小結　197

結論 ……………………………………………………… 205
　　結論　206

　あとがき ……………………………………………… 211
　佐藤照雄氏の博士論文刊行に寄せて ………………………… 213
　　参考文献　216

序　章

本研究は、19 世紀末から 1930 年代半ばにかけての日本・タイ[1]両国間の親交を深めるために実施された日本の対タイ文化事業を究明しようと試みたものである。日本が東南アジア諸国に対して実施した文化事業のなかでは、タイに対する文化事業が最も早期に行われたと考えられるので、日本の対タイ文化事業を分析・検討することは意味があると考える。

　まず、時代環境について述べる。欧米列強は、アジアにおいて植民地化を進め、19 世紀末に、アジアの独立国は、日本、タイ、中国、韓国の 4 カ国のみであった。タイは、独立国とは言いながら、東側隣国からフランスが、また、西側隣国からイギリスがそれぞれ侵攻の機会を窺い、タイは独立を維持するのに懸命であった。1893 年のタイ・フランス間の戦争は、象徴的であり、タイはフランスにメコン川西岸の領土を割譲した。その時、タイが信頼していたイギリスは、タイを援助しなかった。タイは、アジアの同胞である日本と友好関係を築くことを志向した。1887 年に、「修好通商ニ関スル日本国暹羅国間ノ宣言」が調印され、国交が開始されていたが、特段の進展はなかった。1897 年に、タイに日本の公使館が設置され、稲垣満次郎（1861‐1908）が初代公使として着任し、条約交渉に入った。翌 1898 年 2 月に「日本暹羅修好通商航海条約」が調印された。稲垣公使は、文化関係においても、日タイ親密化に一定の成果を残したと言えるが、「仏骨奉迎事業」および「タイ皇后派遣学生の日本留学」については、本研究の課題であるので、第 3 章および第 4 章でそれぞれ詳述する。

　タイでは、1932 年に立憲革命が起こり、絶対王政は終焉した。当時、タイに駐在していた特命全権公使矢田部保吉（1882‐1958）は、新政権の国家建設に教育面での協力をするべく、タイ青年の日本留学を発想した。この点については、本研究の課題であるので、第 6 章「招致留学生奨学資金制度」で詳述する。

　1933 年 2 月の国際連盟臨時総会で満州問題の勧告案が絶対多数で採択された。日本は反対し、タイは棄権した。この事実は、日本にとっても、また

日タイ関係にとっても大きな意味を持つと考えられる。日本にとっては、文化事業とくに海外に対する文化事業（国際文化事業と呼ぶ）に覚醒する契機になったこと、また、日タイ関係では、村田翼夫の研究[2]にもあるように、日本へのタイ人留学生が増大するなど、日本とタイとの間の心理的な「距離」が短縮されたことが挙げられる。

　この当時の諸外国特に欧米諸国が実施していた対外的な文化事業はどのようなものであったのか概観する。

　1931年7月に外務省書記官三枝茂智は、「対外文化政策に就て」[3]と題する講演のなかで、欧米諸国の対外文化事業について、政府が対外文化事業に注力しているのは、フランスとドイツであり、他方、アメリカとイギリスは、政府事業として文化事業を行っておらず、アメリカでは、カーネギー財団、ロックフェラー財団[4]、伝道教会という有力な財団法人が対外文化事業を行っている、と述べている。

　また、柳澤健は、文化事業の主体について、イギリス、アメリカ等のアングロサクソン諸国は、民間の機関が主体で、医療・衛生の面にも事業展開されているが、フランス、ドイツ、イタリア、ロシア等の大陸諸国では、政府自身が主体であり、事業内容は、自国言語の普及をはじめ自国文化の宣揚に重点が置かれていると述べている[5]。柳澤の論述から、文化事業の主体と事業の目的や展開範囲との間には関連性が存在すると考えられる。

　本研究の対象国であるタイに対して実施された文化事業は、欧米諸国の場合、主に医療・衛生方面と教育関係であった。医療・衛生関係では、アメリカの宣教師の活動が特に注目される。医療教育関係では、ロックフェラー財団の活動が特筆される。教育関係では、ドイツ、フランス、アメリカの3カ国がタイ人のための奨学資金制度を実施している。また、欧米諸国は、タイで学校を経営し、タイの文化向上に貢献している。これらの対タイ文化事業については、第1章で詳述する。

　本研究が対象とした19世紀末から1930年代半ばにかけての日本の対外文化事業について、例えば留学生受け入れに関して述べることとする。木下

昭の研究によれば、東南アジアからの留学生数は著しく少なく、ほとんど注目されていないことが明らかにされている[6]。

　他方、本研究における対タイ文化事業は、主として上記1930年代とはさらにさかのぼった年代のものであり、その当時の対東南アジアの国々との文化事業研究はほとんど報告されていない。また、本研究の対象年代は、植民地支配の枠組みにおかれているわけでもなく、また、国としての（官）一方的な政策ではなく民間人も関わっており、事業の成り立ちや方向性に独自性があるということができる。

　以上、本研究における文化事業の国際的背景、時代環境の概略を述べたが、本稿における「文化事業」とはどのようなものであるかここで概念を定義しておきたい。

　三枝茂智は、「宗教、教育、学芸、医療に関する事業をその中軸と致し、此の事業の担任者の意図に従って、多少之に二次的意義の事業を加える[7]」とし、松宮一也は「その本質上、直接の利害関係が少なく、先方に与えることを主眼とするものであるから、こちらから費用と人を持って行けば、先方も了解して計画通りの事業実施も可能である。[8]」としている。

　また、外務省では、後年「（友好親善を増進し、ひいては人類の福祉と世界の平和に寄与する）対外文化事業としては、一般に人的接触（留学生の受け入れ、学者、文化人の交流等）、図書及びその他印刷物、映画、ＴＶ等視聴覚資料、及び公演展示等の文化人の交流等の文化的行事を媒体とする国際的文化活動が対象とされている。[9]」と事業内容を広くしている。

　以上を踏まえて本稿でいう文化事業とは、研究対象期間を19世紀末から1930年代半ばとしていることを鑑み、「宗教、教育、学芸、医療に関する事業をその中軸として必要に応じて内容に幅をもたせ、両者間に直接の利害関係が少なく、先方に利益を与えることを主眼とするものである」と定義する。

　また、「国際文化事業」については、柳澤健の定義が明解である。柳澤は、国際文化事業とは、一国の文化活動を国内のみに局限せず国際的にこれを発信し宣揚するとともに、他方他国の文化についても進んでこれを吸収し咀嚼

しようとする活動を指すもので、従って、この意味では、国際文化事業なる
ものは、一国と他外国との間の文化交換事業を指すものと言って差支えない、
と述べている。これは、建前的な解釈で、実態を次のように述べている。す
なわち、実際において各国が遂行している国際文化事業は、自国文化の対外
発揚に重点を置き、他国文化の吸収咀嚼というのは第二次的の、若しくはカ
モフラージュとしての用途に供せられるに過ぎない場合が多い[10]、というこ
とである。さらに、柳澤は、国際文化事業なる語彙は、一国の文化外交なる
ものと同義語と見做しても間違いではないと言い、学術、教育、宗教、芸術、
スポーツという所謂文化的方面の活動を中心とする対外活動を意味すると述
べている[11]。本稿では、柳澤の論述に依拠して、国際文化事業を論じる。

　本研究は「現地対中央」[12]という独自的な視座から文化事業を分析・検討
している。これは当該文化事業がどこで発想されたのか、発想の起点はどこ
か、という視点でとらえている。本研究においては、「現地」とは、タイ、
在タイ日本公使館や名古屋等を、「中央」とは日本政府、外務省本省、東京
等をそれぞれ含意している。また、文化事業の発想の起点と文化事業の特性
との関連性についても論及する。

　先行論文の中では、「現地対中央」のような対比的文言として、「民対官」
等が報告されているが、対比の内容が本稿とは異なっていると考えられる。
たとえば、芝崎厚士は、1934年に創設された国際文化振興会の主体につい
て、1941年までは、「民間」であるが、41年以降「情報局による統制」(す
なわち、「官」)として規定して、事業主体について「民対官」の対比を行っ
ている。

　以上を踏まえて、研究目的、課題と意義、先行研究、研究方法、論文の構
成について以下に説明する。

1. 研究目的

戦前の対タイ文化事業の主要アクターとして、稲垣満次郎と矢田部保吉の

2 名を挙げることができる。稲垣、矢田部の両者は、駐タイ公使として、タイ在任期間が長く、稲垣は絶対王政時代の王室から、また、矢田部は立憲革命政府からと時代は異なるが、それぞれ時の政権から信頼され、文化事業面でも一定の功績を残した点は共通している。

　稲垣満次郎は、1897 年（明治 30 年）にタイ駐劄公使（弁理公使）として着任し、1905 年（明治 38 年）に離タイするまで、「日暹修好通商航海条約」の締結等、日本・タイ両国間の友好関係の構築に功績を残した。当該条約締結の報告のため一時帰国した稲垣公使は、伊藤博文首相から、タイはフランスの勢力範囲であるから、日本がタイに接近することによりフランスの反感を買う恐れがあることを顧慮しなければならないと苦言を呈せられた。条約の効能を説明しようと意気込んでいた稲垣公使は失望した [13]。タイ（＝現地）に立脚して、日本にとって良かれと思考する稲垣と、欧州を意識する日本政府（＝中央）の伊藤首相とでは、明らかに発想の原点が相違していたと言えよう。稲垣は、日本・タイの親交関係を維持するためには民間の世論を喚起する必要があると考えて、その方策として、文化事業に活路を見出そうとしたと考えられる。後述する研究課題の「仏骨奉迎事業」や「タイ皇后派遣学生の日本留学」は、いずれも稲垣公使が「現地」で発想したものである。

　また、矢田部保吉は、1928 年（昭和 3 年）から 1936 年（同 11 年）まで特命全権公使としてタイに在任し、1932 年の立憲革命後の人民党政権下のタイと日本との親交に尽力した。1933 年 2 月 24 日の国際連盟総会で満州国不承認の勧告案が賛成 42、反対 1 （日本）、棄権 1 （タイ）で採択されたとき、日本では棄権したタイに対する評価が高まった。矢田部公使は、国民国家として発展を期すタイに対して、同じアジアの独立国として日本こそ温かいヘルピングハンドを差し延べるべきであるが、教育も十分に普及せず、民度も低いタイの現状から、教育面での協力が重要であると考えた。タイの文化水準を向上させるためにタイ青年を日本に留学させるという矢田部公使の構想は、名古屋の資産家伊藤次郎左衛門 [14] の協力により実現した。矢田部公使は、日本外務省（＝中央）にタイ人留学生の受入れに関する意見具申

を行ったが、タイ（＝現地）に駐在していたからこそ後述する文化事業「招致留学生奨学資金制度」を発想することができたと言うことができる。

　本研究は、戦前期日本の対タイ文化事業を対象に、「現地」対「中央」の視点から、当該文化事業がいかなる状況において発想され、どのようにして成立したか、さらに、いかなる文化事業の特性を有していたかを解明することを目的としている。また、「招致留学生奨学資金制度」の分析・検討から、「国際文化事業」にとって重要なファクターを抽出することを試みる。

2．研究課題と意義

⑴　1900年代初頭の対タイ文化事業

①　仏骨奉迎事業

　1898年（明治31年）にインド北部で釈迦の遺骨（以下、仏骨と言う。）が発掘された。英領インド政庁は、この仏骨を当時唯一の独立仏教国であるタイのチュラーロンコーン王（ラーマ5世）に寄贈した。1900年（明治33年）にタイ国王は、セイロン（現在のスリランカ）とビルマ（同ミャンマー）両国の仏教徒の懇請に応じて仏骨を分与した。タイ駐剳公使稲垣満次郎の懇願により日本の仏教徒にも仏骨が分与されることになり、稲垣公使は、日本仏教界に仏骨奉迎使節をタイへ派遣するよう勧告した。1900年（明治33年）6月15日にタイ国王から奉迎使節に仏骨が分与された。1904年（明治37年）に、仏骨を奉安する寺院として日暹寺（現在の日泰寺）が名古屋に建立された。日泰寺は、タイ王室や政府関係者などが来日の際に参拝に訪れるほど、日タイ両国の友好関係の象徴となっている。

　仏骨奉迎事業は、日本国中の仏教徒のみならず一般国民を熱狂させた一大事業であり、日本の対タイ文化事業の嚆矢と言えるものであるが、当該事業がどのように実施されたのか、また、稲垣満次郎がなぜ、どのように当該事業に関与したのか、を究明するのが本研究の課題である。

②タイ皇后派遣学生の日本留学

　1900年代初頭の日タイ関係は、1898年（明治31年）に「日暹修好通商航海条約」が締結されていたが、日本の外交政策が依然として欧米重視であったため、政治的に親密な関係にあるとは言えない状態であった。文化関係においては、タイ駐劄公使稲垣満次郎の努力により、タイ国王ラーマ5世からの仏骨分与などを通じて、親交を深めていた。タイ皇太子ワチラーウット（後のラーマ6世）が、1902年（明治35年）12月に英国留学から帰国の途次日本に来遊したことは、外交的にも文化的にも、日タイ関係の親密度を高める画期的な出来事となった。とくに教育関係では、皇太子奉迎のためタイより来日した文部次官等が日本の教育事情を調査して、その後のタイの教育改革に結びつけるなど、日タイ教育交流の嚆矢とも言える進展があった。

　また、ほぼ同じ時期にタイ国内では、サオワパーポーンシー皇后がタイ人学生男女各4名を日本に留学させること（以下、留学事業と言う。）を決定し、稲垣公使に日本側の便宜供与を要請していた。稲垣公使は外務大臣小村寿太郎に状況を報告し、日本側で便宜を図ってほしいと要請した。小村外務大臣から検討依頼を受けた文部大臣菊池大麓は、国語の学習等多少の準備は必要であろうが、便宜を取り計らうことは可能である旨回答している。日本側は、タイ皇后の意向を積極的に受け止め、1903年（明治36年）5月に来日したタイ人留学生の日本での生活に十分な配慮を以て対応した。

　本留学事業がどのように発想され、実施されたのか、サオワパーポーンシー皇后の令旨と資金により日本に留学したタイ人学生男女各4名がどのような留学生活を送ったのか、また、最初のタイ人留学生に対して日本側はどのように対応したのか、さらに、その対応の背景にいかなる要因があったのかを分析することが本研究の課題である。

(2)　1930年代半ばの対タイ文化事業

①招致留学生奨学資金制度

1932 年のタイ立憲革命以降、人民党政権は、日本との政治的・経済的・文化的関係を親密にして、旧来の欧米列強依存を中和しようと志向した。一方、日本は、1933 年の国際連盟脱退を契機とした国際的な孤立状況を打開するべく、国際文化事業の展開を開始した。

タイに対して文化事業を展開させる契機となったのは、在タイ特命全権公使矢田部保吉の日本外務省に対する意見具申であった。矢田部は、タイ青年の日本留学熱高揚を認識し、日本に留学生受入れのための施設確保を要請したが、日本側は未だ十分に対応できる体制ではなかった。しかし、その後の矢田部の具体的な提言によって、日本外務省は、対タイ文化事業に関与するようになった。他方、日本側の体制不十分と考えた矢田部は、1934 年 9 月にインド仏蹟巡拝旅行の途中にタイを訪問した名古屋の資産家伊藤次郎左衛門に協力を要請した。矢田部の提案に賛同した伊藤は、自らが主導し、名古屋市を挙げて名古屋日暹協会を設立させた。1935 年に同協会の主要事業として招致留学生奨学資金制度（以下、奨学事業と言う。）が発足した。当該奨学事業は、タイの文化水準を向上させるためにタイ青年を日本に留学させるという矢田部の構想を具現化したものであった。「現地」対「中央」という視点で見ると、奨学事業は、タイ（＝現地）で発想された文化事業であり、矢田部公使の問題提起とともに、日本側（＝中央）の意識改革を惹起し、その後の日本の対タイ文化事業を活発化させる起点になったという点に意義がある。

「現地」対「中央」という視点から、奨学事業がいかなる状況において発想され、どのようにして成立したかを解明することが課題である。

3. 先行研究

戦前における日タイ文化事業について、個々の文化事業に関する研究はあるが、明治以降第二次世界大戦終了までを論じた研究は数が少ない。村田翼夫（1978）「戦前における日・タイ間の人的交流―タイ人の日本留学を中心

として―」は、日本との人的交流において長い歴史を持つタイを対象に、明治以降第二次大戦終了までの日・タイ間の人的交流を、タイ人の日本留学を中心に論述している。村田論文は、人的交流の問題を長期的視点に立って検討している点で、優れている。本研究が対象としている「タイ皇后派遣学生の日本留学」については、①当該留学が日本へ留学した最初の事例である、②当時の駐タイ公使であった稲垣満次郎がタイ王室へ働きかけた結果によるものとみられている、③男子学生は蔵前高工と東京美術学校に入学して工芸技術の研究をし、女子学生は東京女子高等師範学校において家政の研究に従事し、全員留学３カ年の後帰国した、と簡潔に述べている[15]。また、本研究の「招致留学生奨学資金制度」については、「名古屋日タイ協会は、タイ人留学生のあっせんを主な目的として設立されたものであり、当時、松坂屋の社長であった伊藤次郎左衛門の資金提供により、タイ人のための奨学資金制度を確立した[16]」と述べ、来日タイ人学生の氏名、選考試験、修学状況等についても言及している[17]が、史実の説明に止まっており、なぜ、どのように、という問いに基づいた究明がなされていない。

　また、ナワポーン・ハンパイブーン「タイと日本の仏教交流：タイ・日関係史の一側面―国交開始から第二次世界大戦終戦に至るまで（1887 年 - 1945 年）―」（早稲田大学博士論文、2012 年）は、タイ国立公文書館（National Archives of Thailand）とタイ外務省外交史料館の資料の未刊行一次資料、刊行された一次資料、日本の外交史料館や国立公文書館の資料を活用して、戦前のタイ・日本両国間の仏教交流を分析している。タイと日本の両国間において、仏舎利、仏像、三蔵の寄贈、仏教視察団の派遣、僧侶の留学、仏教大会の開催など、様々な仏教交流が行われ、これらの交流が両国の関係構築において大きな役割を担ったと述べている。タイと日本の仏教交流の全容を論じ、仏教交流の展開、両国による宗教政策・外交、その成果および仏教交流の問題点を解明することは研究上の価値があると述べている。

　個々の文化事業に関する先行研究について述べる。

（1）　当該文化事業の主要アクターの一人である稲垣満次郎に関する先行研究について述べる。稲垣満次郎の活動は、大別して 2 期に分けることができる。第 1 期は、1885 年（明治 18 年）からのイギリスのケンブリッジ大学留学時期および 1891 年（明治 24 年）からの東邦協会時代を言い、この時期に稲垣は、『東方策』（1891 年）、『対外策』（1891 年）、『商工業対外策』、『東方策結論草案』（1892 年）などの著作活動や全国各地への講演活動を通じて各界から論客として注目され、「東方策士」と呼ばれた。第 2 期は、タイ駐劄公使時代以降を言い、稲垣は、念願の外交官 [18] として、現地（タイ）に立脚して日本の対外政策を推進し、日タイ友好関係の構築に実績を残した。

①　第 1 期の稲垣満次郎に関する先行研究としては、山浦雄三（2001）「稲垣満次郎と環太平洋構想」[19]、頴原善徳（1998）「稲垣満次郎論――明治日本と太平洋・アメリカ――」[20]、広瀬玲子（1997）「明治中期日本の自立化構想――稲垣満次郎における西欧とアジア」[21] の 3 点が挙げられる。

　山浦は、稲垣の著作『東方策』（1891 年）および『東方策結論草案』に基づいて、頴原は、『東方策』、『対外策』、『商工業対外策』、『東方策結論草案』、『南洋長征談』（1893 年）に基づいて、広瀬は、『東方策』、『対外策』、『東方策結論草案』、『南洋長征談』に基づいてそれぞれ稲垣の思想を分析している。3 者は、論点の若干の相違はあるが、共通して、稲垣は単なる南進論者ではなく、太平洋を視野に所論を展開した人物であると述べている。しかし、彼等が依拠する稲垣の著作からして、タイに関する論考はなされておらず、これらの先行研究は、本研究と対象を異にしていると言うことができる。

②　吉川利治（1978）「『アジア主義』者のタイ国進出――明治中期の一局面」は、稲垣満次郎に関して、商業上の市場獲得には外交活動が重要な役割を果たしていることを強調したと述べ、通商条約の締結と外交官の派遣という外交手段に着目したのは稲垣の創見であったと述べている点は、高く評価する。しかし、稲垣が同郷の菅沼貞風に語ったという「支那と戦争大嫌い」

という言葉を伏線として、吉川は、稲垣が「アジア主義」者であり、視野を太平洋、「南洋」に向けた「南進論」者でもあったと結論づけているが、筆者は若干の異論がある。稲垣は、『東邦協会会報』に「日本大使館ヲ清国北京ニ設立スベキノ議」と題する一文を寄稿して、

> 夫レ東洋平和永遠担保ハ我日本ノ国是タリ。而カモ、既ニ前ニモ述フル如ク我カ商業拡張ノ為ニモ、外交的利益ト権利トヲ完フスル為ニモ、清国京都ニ駐在スル所ノ我外交官ノ任務ハ実ニ重大ナル事明ラカナリ。故ニ吾人ハ北京駐劄公使館ヲ改メテ之ヲ大使館ト為サレム事ヲ切望セサルヲ得ズ。茲ニ一言以テ当局者及ヒ我帝国人民ノ注意ヲ促カス所以也[22]

と述べ、タイ公使に任命される前に、清国に関心を持ち、清駐在の日本外交官の重要性を主張している。また、稲垣がタイ駐劄公使時代書簡を交わした肝付兼行は、稲垣の支那の外交に当たってみたいという熱望を察して、当時の加藤外務大臣（1900 - 1901）やその後の小村外務大臣（1901 - 1906）に具申したと述べている[23]。すでに「支那嫌い」ではなくなっていると言える。吉川は、日本に立脚して「日本」、「アジア」、「南洋」を思考した稲垣を前提として、タイでの彼の活動を考察しているが、筆者は、タイでの稲垣が、現地で生活し、現地の人々と交流し、現地で外交活動して、現地（タイ）に立脚した思考を展開したと考える。

③　飯田順三（1998）『日・タイ条約関係の史的展開過程に関する研究』は、明治期・大正期において日・タイ間で締結された通商関係諸条約の締結過程を分析している。1894 年に稲垣がタイを訪問した当時、テーワウォン[24]外務大臣が親日的であった背景に、青木周蔵の存在があったという推測は、注目に値する。青木がフランスの武力に苦しんでいるタイに同情し、日本とタイが真に友好国となることを強調していることに、テーワウォンは感銘した

と飯田は述べている[25]。飯田は、青木を高く評価しているが、前述の吉川論文にあるように、タイに同情して行動を起こした日本人は、ほかにも存在した[26]ことから、テーワウォンの親日的態度は、総合的に当時のタイの外政環境によるものと考える方が妥当であろう。飯田論文は、条約をキーファクターとして稲垣を論述しているが、本研究は、稲垣を軸にして、彼のタイでの活動を分析しており、飯田論文とは視点の異なる研究と言うことができる。

　以上の如く、稲垣満次郎に関する種々の研究は、本研究と異質の研究であると言える。

　⑵　仏骨奉迎事業に関する先行研究として、前述のナワポーン・ハンパイブーン論文（2012）「タイと日本の仏教交流：タイ・日関係史の一側面—国交開始から第二次世界大戦終戦に至るまで（1887年‒1945年）—」が挙げられる。同論文は、タイ国立公文書館の未刊行一次資料、刊行一次資料などタイ側の史料も使用して、仏骨奉迎事業を仏教の外交的役割に焦点を当てて分析している点は、新しい視点からの研究として評価したい。本研究は、稲垣満次郎の活動に重点を置いている点で、上記論文とは異質であると言うことができる。

　⑶　タイ皇后派遣学生の日本留学に関する先行研究として、前述の村田論文のほかに、チャリダー・ブアワンポン「明治期シャム国日本派遣女子留学生について」[27]、山根智恵「明治期における異文化接触—シャム国女子留学生を預かった雨森𨨞の日記をもとに—」[28]が挙げられる。

　①　チャリダー・ブアワンポンは、当該女子留学生の背景・実態・成果について、タイ国立公文書館所蔵の外務省記録、文部省記録や女子留学生の回想録などタイ側の史料に依拠して分析している点は優れているが、記述内容に問題がある。チャリダー・ブアワンポンは、「女子留学生派遣の直接の原因は1902（明治35）年末から翌年初頭の皇太子の日本訪問、（皇后等の）

近代女子教育始動に対する意志、日本人女性教育者（安井てつら3名）の来暹、という3点が考えられる」と述べている。皇太子が帰国後に皇后に進言したということであるが、皇后が、男女各4名の留学生を日本へ派遣したいので、日本政府としても便宜を図ってほしいと駐タイ公使稲垣満次郎に要請したのは、1903年（明治36年）1月1日であって、皇太子の日本からの帰国は、同年1月29日であり、時期的に矛盾が生じる。また、「日本人女性教育者（安井てつら3名）の来暹」は、1904年（明治37年）2月であって、留学生派遣の翌年のことである。同論文には、その他数点問題となる記述が散見される[29]。

②　山根智恵は、当該女子留学生の面倒を見た雨森釦の日記や釦宛の書簡をもとに、留学生と釦とがどのように異文化接触をし、コミュニケーションを図っていたかに焦点を当てて論述している。山根論文は、女子留学生の日本語のレベルや実際の言動について論及しており、留学生の日本での生活を知る上で有効であると言えるが、女子留学生派遣の発端に関して前述のチャリダー・ブアワンポン論文を引用して、皇太子及び彼を日本で出迎えたルアング・パイサーン・シンラパサート教育視学官が、日本への留学生派遣を国王や皇后に進言したと述べている点は、前述のとおり問題がある。また、雨森釦の日記は、明治37年（1904年）で終わっていることから、留学生の日本での全留学期間を分析する上では限界を持っていると言える。

　本研究は、皇太子来日に伴う日タイ教育交流の端緒について論じているが、これまでにこの点に論及した研究は見当たらない。また、本研究は、タイ人学生の日本留学の実態を明らかにし、日本側の対応ならびにその背景について究明している点で、前述の先行研究とは異質の研究であると言うことができる。

⑷　招致留学生奨学資金制度に関する先行研究として、国際文化事業や対タイ文化事業あるいは留学生招致に関する研究はあるが、対タイ招致留学生

奨学資金制度について、その成立過程および理由・背景を史実に基づき詳細に論及した研究は、前述の村田論文以外に、主なものは見当たらない。本研究に関係の深い先行研究を分析して、本研究の位置づけを行う。

①　国際文化事業に関する研究として、芝崎厚士（1999）『近代日本と国際文化交流──国際文化振興会の創設と展開』（有信堂）が挙げられる。芝崎は、1934 年の国際文化振興会の創設から 1945 年の敗戦に至る活動を分析することによって近代日本の国際文化交流史の起源を洗い出すとともに、近代日本における国際文化交流の特質を解明している [30]。芝崎は、戦前日本における狭義の国際文化交流は、「国際文化事業」と呼ばれていたと述べ [31]、戦前日本の「国際文化事業」の歴史的性格に関する知見の一つとして当時における「民間」の対外行動は、「国民外交」として観念され、日本の行動の国際社会における正当性や、日本に対する「正しい」理解を獲得することを第一の目的としており、その点では「官」であろうと「民」であろうと全く同じ意図をもっていたということを挙げている [32]。

　しかし、筆者は、芝崎の論述に関して若干の異論がある。本研究が対象としている当該奨学事業は、後述するとおり、在タイ特命全権公使矢田部保吉が発想し、名古屋の資産家伊藤次郎左衛門が賛同し、名古屋日暹協会が運営した文化事業である。その目的は、相手国タイの文化向上に貢献するという文化協力である。国際文化事業について、それがどこで発想されたかという視点に立って、「現地」対「中央」の対立軸を導入すると、芝崎の研究対象である国際文化振興会の活動内容は「中央」発想の国際文化事業であり、当該奨学事業は、「文化協力」を目的とする「現地」発想の国際文化事業と言える。芝崎論文には、この「現地」対「中央」という発想の起点の相違による文化事業の分析視点が欠落していると考える。

②　Edward T. Flood の *Japan's Relations with Thailand : 1928 – 41* は、日本の外務省や防衛庁（現防衛省）の膨大な文書など多数の邦文史料を研究

して作成した先駆的な論文であり、日タイ関係の研究者に多く引用されている[33]。同論文の課題は、1941年12月21日に締結された日本・タイ同盟の遠因を究明することであり、その起点を矢田部保吉のタイ着任時に置いている[34]。Flood は、矢田部公使の側近であった宮崎申郎の回想録「矢田部公使の対シャム工作」[35]（以下、「宮崎調書」と言う。）に依拠して論理を展開している。Flood は、矢田部公使が日本外務省の指令により、タイからイギリス勢力を排除するために種々の「文化工作」を展開したと述べているが、一方でその指令に関する文書は見当たらないので、「宮崎調書」や矢田部公使着任後に生起した諸事件から類推したと述べている[36]。

　しかし、Flood 論文には、いくつかの問題点がある。まず、発想の起点について、矢田部公使の文化事業が「指令」に基づくものであるならば、それは外務省（＝中央）の発想ということになるが、Flood の言うとおり証拠はなく、また、筆者が後述するように、当該文化事業は、タイ（＝現地）からの発想と考える方が妥当である。

　つぎに、「宮崎調書」の解釈について、Flood は曲解していると考えられる。原文では、「欧州諸国ノ勢力殊ニ英国ノ同国（タイ：筆者）ニ於ケル牢固タル勢力ヲ幾分ニテモ減殺スルコトヲ目的トセラレタリ」（下線：筆者）となっているところを、「英国勢力を排除し、日本が取って代わる」と訳している[37]。しかし、調査した限りでは、矢田部公使がそのような考えを表明した史料は見当たらない。また、「宮崎調書」が記されたのは、1942年6月であり、軍部の絶頂期であったことを考えると、Flood の「宮崎の軍部批判は極めて率直なもの」[38]というよりは、むしろ、「宮崎調書」が軍部の目に触れることを考えて、矢田部公使の対英政策を穏健だと非難されないように脚色して述べたと考える方が妥当である[39]。

　Flood 論文には、間違いも散見され[40]、邦文史料の活用に限界があると考えられる。

　③　Reynolds, E. Bruce（1991）*Imperial Japan's Cultural Program in*

Thailand は、戦前・戦中期の日本の対タイ文化事業を、a.1933 ‒ 41 年、b.1942 ‒ 43 年、c.1943 年 5 月から終戦までと 3 期に分けて分析している。Reynolds は、日本のタイに対する文化的影響力拡大の努力に関して、日本は欧米列強に比し後発であったが、1933 ‒ 41 年にはタイにおける文化的影響力を次第に強化したと述べ、その具体的な事例として、両国の舞踊団の交換公演、留学生受入れ、日本語教育などを挙げている。

　Reynolds は、柳澤健、平等通照、星田晋五などの著作[41] を研究しているが、それらは主として日中戦争以降の日本の対タイ文化政策に基づく文化事業に関して記述されているので、Reynolds の分析は、ほとんどが日本政府（＝中央）による対タイ文化事業を対象としており、本研究が対象としている当該文化事業については言及されていない。

　以上論述したとおり、本研究は、諸先行研究とは異質のものであり、日・タイ文化事業史研究に一つの知見を付加しうると考える。

4．研究方法

　本研究は、外務省外交史料館所蔵の膨大な外務省記録を精査し、国立公文書館やタイ国立公文書館の一次史料および国立国会図書館、東京都立図書館、名古屋市立図書館、早稲田大学図書館や他大学の図書館の関連諸資料を活用して分析・記述を行った。

5．論文の構成

　本論文の構成は、以下のとおりである。

　序章では、本研究における文化事業の時代環境、文化事業や国際文化事業の定義、現地対中央の意味等について述べ、これらを踏まえて、研究目的、課題と意義、先行研究、研究方法、論文の構成を述べている。

　第 1 章では、1930 年代前半の欧米諸国の国際文化事業を概観し、日本の

国際文化事業がどのような状況にあったのかを分析・検討する。また、各国のタイに対する文化事業の展開と日本の対タイ文化事業の状況についてそれぞれ分析・検討する。

第2章では、明治後期における日タイ関係と稲垣満次郎の活動を検討する。まず、稲垣が所属した東邦協会の事業内容と稲垣の活動について述べる。次に、稲垣が、1894年4月に、通商条約締結と公使館設置の可能性を探るため、初めてタイを訪問し、タイの外務大臣テーワウォン親王と会談したことを述べる。さらに、1897年にタイ駐劄初代弁理公使に任命され、翌98年2月に「日暹修好通商航海条約」に調印したことなどの活動を通じて、日タイ関係の親密化を図った過程を述べる。

また、1902年12月に英国留学から帰国の途次来日したワチラーウット皇太子の日本滞在状況を明らかにし、その来日が日タイ文化関係親密化にどのように貢献したかを述べる。

第3章では、日タイ文化事業の嚆矢と考えられる「仏骨奉迎事業」について、インドで発掘された仏骨が、日本に分与され日泰寺に奉安されるまでの過程がいかなるものであったかを検討し、当該事業に対する稲垣公使がなぜ、どのように関与したのかを分析する。

第4章では、1903年5月に来日した、サオワパーポーンシー皇后派遣のタイ人留学生男女各4名が、どのような留学生活を送ったのか、さらに、最初のタイ人留学生に対して日本側がとった対応の背景にいかなる要因があったのか、を分析する。

第5章では、矢田部保吉が特命全権公使としてタイに駐在していた1932年6月にタイ立憲革命が起こり、タイの絶対王政は終焉した。1933年に日本は国際連盟を脱退した。両国の大きな変化の時期に、矢田部公使は、どのように日タイ関係の親交を深めたのか検討する。

また、奨学事業実現に大きな役割を演じたもう一人の主要なアクターである伊藤次郎左衛門について、なぜ矢田部保吉の提案に同意し資金提供をすることになったのか、その意思決定の背景にはどのような要因が作用していた

のかを検討する。

　第6章では、矢田部公使が発想し、伊藤次郎左衛門が具現化した「招致留学生奨学資金制度」がどのようにして成立したのか、また、招致された留学生が日本でどのような生活を送ったのかを分析する。

　結論では、上述した対タイ文化事業の今日的な意義および第1章から第6章までの分析・検討結果の総括を明示する。

注

1　国名が「タイ」になったのは、1939年6月24日であり、それ以前は「シャム」（漢字は「暹羅」）であったが、本稿では、原則として「タイ」と表記する。ただし、固有名詞や引用文献の場合は原典どおり表記する。

2　村田翼夫「戦前における日・タイ間の人的交流——タイ人の日本留学を中心として——」国立教育研究所『国立教育研究所紀要　第94集』1978年、187-214頁。この中で村田は、国際学友会会員のみであるが、時代区分別の在日タイ人留学生数を調査している。これによると、1920年‐32年には3名であったが、1933年‐41年には126名になっている。199頁参照。

3　三枝茂智（1931）『対外文化事業に就て』外務省文化事業部。

4　三枝は、日本外務省文化事業部の仕事は年額わずか300万円であるのに対し、ロックフェラー財団は数千万円の仕事をしているのであるから、アメリカ政府がこの方面に尽力する必要はない、と述べている。（同上、8頁）

5　柳澤健（1933）『各国の国際文化事業に就いて』、1‐20頁。

6　木下昭「1930年代の在日フィリピン人留学生と国際関係——日本帝国によるソフト・パワー政策の一断面——」『東南アジア研究　47巻2号』2009年9月、210‐211頁。

7　三枝茂智（1931）、前掲書、5‐6頁。

8　松宮一也（1942）『日本語の世界的進出』、婦女界社、294頁。

9　外務省文化事業部編（1972）『国際文化交流の現状と展望』、3頁。

10　柳澤健（1934a）「国際文化事業とは何ぞや」『外交時報』第704号、71頁。

11　同上書、72頁。

12　筆者が所属していた会社のタイ現地法人に駐在中の1991年2月に、タイ軍部によって当時のチャーチャイ首相が拘束されるというクーデターが起きた。日本の本社（他社も同様）の現地法人に対する特別な指示と現地の

日常的な平穏状態との落差を体験したが、筆者のその時の経験が発想の原点になっている。

13　石川半山「友人阿川鐵膽」『鐵膽阿川太良』平井茂一、1910 年、32 頁

14　伊藤次郎左衛門（1878 ‐ 1940）　伊藤家第 15 代当主。名古屋「いとう呉服店」（松坂屋の前身）社長。襲名前の名前は守松、一代を通しての諱は祐民。1939 年 11 月に隠居して治助を襲名。1927 ‐ 33 年名古屋商業会議所（後に商工会議所）会頭。名古屋実業界の重鎮。社会事業にも注力。『名古屋商業会議所月報』第 243 号、1927 年、4 ‐ 5 頁、および『名古屋商工会議所月報』第 282 号、1933 年、2 ‐ 5 頁。

15　村田翼夫（1978）、前掲書、189 頁。

16　同上書、191 頁。

17　同上書、193 頁。

18　肝付兼行は、1893 年（明治 26 年）に稲垣が、井上毅文部大臣からの高等商業学校長就任打診にあたり、元来外交官として国に尽くしたいというのが素志であるからと言って断った、と追悼の辞のなかで述べている。『東邦協会会報』第 217 号、1914 年 4 月、34 頁参照。

19　『立命館経済学』第 49 巻第 6 号、立命館大学経済学会、2001 年 2 月、1 ‐ 16 頁。

20　『ヒストリア』通号 160、大阪歴史学会、1998 年 6 月、2 ‐ 26 頁。

21　『史艸』38、日本女子大学、1997 年 11 月、56 ‐ 84 頁。

22　『東邦協会会報』第 18 号、1896 年（明治 29 年）1 月、3 ‐ 6 頁。

23　『東邦協会会報』第 217 号、1914 年 4 月、34 ‐ 35 頁。

24　テーワウォン親王（1858 － 1923）は、モンクット王（ラーマ 4 世）の第 42 子で、チュラーロンコーン王（ラーマ 5 世）の異母弟であるのみならず、同王の 2 人の王妃の実兄、すなわち国王の外戚でもあり、死亡時まで 38 年間にわたって外務大臣を務めた最有力者王族である。村嶋英治『ピブーン——独立タイ王国の立憲革命』岩波書店、1996 年、47 頁参照。また、テーワウォンは、日・タイ国交の開始となる、1887 年 9 月 26 日の「修好通商ニ関スル日本国暹羅国間ノ宣言」に調印している。この時の日本側は、青木周蔵外務次官である。なお、日本の史料で、「デヴァウォングセ」とあるのは、テーワウォンの英語表記の DEVAWONGSE による。

25　飯田順三『日・タイ条約関係の史的展開過程に関する研究』創価大学アジア研究所、1998 年、35 ‐ 36 頁。

26　たとえば、岩本千綱、石橋禹三郎など。前掲吉川論文 86 ‐ 87 頁参照。

27　『法政史学　第 42 号』法政大学史学会、1990 年、84 － 105 頁。

28　『山陽論叢　第 10 巻』山陽学園大学、2003 年、103 － 116 頁。

29 たとえば、①留学生の日本派遣に関する計画がたてられたのは、1901（明治 34）年 1 月頃とあるのは間違いで、正しくは 1903 年（明治 36 年）1 月である。②女子留学生を直接指導した責任者は、喜多見佐喜であって、「喜多見在喜」は、間違いである。

30 芝崎厚士、『近代日本と国際文化交流──国際文化振興会の創設と展開』有信堂、1999 年、14 頁。

31 同上書、3 頁。

32 同上書、220 頁。

33 たとえば、Charivat Santaputra, *Thai Foreign Policy*, 1932-1946 Bangkok: Social Science Association of Thailand, 1987. や、Reynolds, E. Bruce, *Imperial Japan's Cultural Program in Thailand,* Goodman, Grant K. (ed.), Japanese Cultural Policies in Southeast Asia during World War 2, 1991. に引用されている。

34 Flood, E. T., *Japan's Relations with Thailand, 1928-41*, Ph. D. dissertation, University of Washington, 1967, pp. iv- v.

35 外務省記録 A-6-0-0-1-27「諸外国内政関係雑纂　タイ国ノ部」。

36 Flood, E. T., op. cit. p.26.

37　ibid. p.26 "his major objective in Siam during his tenure in Bangkok had been the elimination from Siam of European, and particularly British influence, and its replacement by Japanese power."

38 ibid. p.45, Note 49.

39 矢田部厚彦「1930 年代の日・シャム関係と矢田部公使」『特命全権公使 矢田部保吉』矢田部会、2002 年、94-95 頁。

40 たとえば、「矢田部は 1907 年に稲垣満次郎の下でタイに勤務した」（p.22）とあるが、矢田部が外交官試験に合格したのは 1908 年であり、同年にタイ在勤を命じられたが赴任していない。矢田部順二「矢田部保吉　略年譜」『特命全権公使　矢田部保吉』矢田部会、2002 年、27 頁。

41 柳澤健『泰国と日本文化』不二書房、1943 年、平等通照・幸枝『我が家の日泰通信』印度学研究所、1979 年、星田晋五「タイ国に於ける日本語」『新亜細亜』1941 年 7 月号、同「バンコック二十年前のこぼれ話」『泰国日本人会誌』1963 年 9 月号。

第1章

国際文化事業と対タイ文化事業

本章では、1930 年代前半の欧米諸国の国際文化事業を概観し、日本の国際文化事業がどのような状況にあったのかを分析・検討する。第 1 節では、各国の国際文化事業の概要と日本の国際文化事業の位置づけを、第 2 節では、各国のタイに対する文化事業の展開と日本の対タイ文化事業の状況についてそれぞれ分析・検討する。これらの分析・検討から、①欧米諸国の国際文化事業に関して、文化事業のアクターと事業の目的や事業展開範囲との間に関連性が存在すること、および②日本の国際文化事業は、欧米諸国と比較して後発的であるが、その中で、本研究の対象である招致留学生奨学資金制度（以下、当該奨学事業という）は先駆的な事業であったこと、を究明することが本章の目的である。

第 1 節　国際文化事業

　本節では、欧米各国の国際文化事業の概要と日本の国際文化事業の位置づけを史料に基づき分析・検討し、国際文化事業のアクターと事業の目的や展開範囲との間の関連性について究明する。

　1930 年代の日本は、欧米諸国の国際文化事業をどのように把握していたのかを史料から明らかにするため、外務省の三枝茂智と柳澤健の国際文化事業に関する記述を引用したい。

　1931 年 7 月に外務省書記官三枝茂智は、「対外文化政策に就て」[1] と題する講演のなかで、欧米諸国の対外文化事業について述べている。彼の論点を要約すると以下のとおりである。

　技術の進歩、世界の縮小に伴い文化の接触や文化の交叉（Cross-fertilization of cultures）、文化内容の結合を惹起するが、この自然の趨勢を目的的に指導助長する点に対外文化事業の特色がある[2]。欧米諸国のなかで、政府が対外文化事業に注力しているのは、フランスとドイツであり、スペインも最近

力を注いでいる。半官半民の組織でこの事業を行っているのは、オランダと
ロシアである。アメリカとイギリスには、外務省内に文化事業部がなく、政
府事業として文化事業を行っていない。アメリカには、カーネギー財団、ロッ
クフェラー財団[3]、伝道教会という有力な財団法人が多数存在し、これらが
対外文化事業を行っている。各国のなかでとくにフランスは、最も歴史が古
く、150年も前から文化事業を展開しており、その事業の範囲は、広範か
つ多岐にわたっている。第1に教育関係では、外国の大学と教授、学生の
交換や講座の設置を行うとか、自国語の高等、中等教育機関や小学校を外国
に設置し経営するなどしている。第2に学芸関係では、外国で講演会、音
楽会、展覧会を開催するとか、外国に書籍雑誌等を寄贈するなどを行ってい
る。第3に、国際協会の設置支援活用等に関する事項として、アリアンス・
フランセーズ[4]のような国際文化協会を設立・支援し、これを利用して自国
語及び自国文化の伝播を助成している。第4に、観光、運動、映画等の関
係事項として、観光団招致のための宣伝事業、活動写真、幻灯、蓄音機、無
線電話放送等の輸出入の統制、自国運動連盟の国際競技参加奨励などを行っ
ている。第5に、雑件として、技師、徒弟等の交換留学などを奨励するこ
とや在外自国人民団及びその経営する慈善事業に補助を与えることを行って
いる。

　各国の対外文化事業の狙いは、①自国の国粋主義を維持するということ、
②自国の言語を諸外国に紹介すること、③自国の文化を諸外国に移すこと、
④自国の価値の世界的認識を促進すること、⑤外国人の人心を収攬しようと
いうこと等である。以上をまとめると、自分の国の領域を外国人の観念界に
広げようということにあり、そうすることによって自国民族の存立発展に有
利な環境を作ろうということにあるように見えると三枝は述べている。

　柳澤健は、国際文化事業について、それは一国と他外国との間の文化交換
事業と言えるが、実際は、自国文化の対外発揚に重点を置き、他国文化の吸
収咀嚼は二次的もしくはカモフラージュとしての用途に用いられるにすぎな
い場合が多いと述べている[5]。また、柳澤は、欧米各国の国際文化事業につ

いて詳述している[6]が、要旨は以下のとおりである。

イギリス、アメリカ等のアングロサクソン諸国と、フランス、ドイツ、イタリア、ロシア等の大陸諸国とでは、文化事業の主体について著しい相違点がある。前者では、主体は民間の機関であり、政府はほとんど関与しない。他方、後者は、政府自身が主体であり、民間の活動はむしろ従である。

アメリカの場合、ロックフェラー財団は年額1千万ドル（1931年度）、カーネギー平和財団は年額40万ドル（1932年度）をそれぞれ海外文化事業に投資している。これ以外に、学校、図書館、病院等を海外で経営している民間団体も少なくない。殊に多数の宗教団体が伝道のほか教育、救済その他の文化事業を東洋で行っている。

イギリス[7]は、英語が世界語として普及しているため自然に自国文化の宣揚が図られているようで目立った活動が見られないが、教授の交換、留学生の交換あるいは内外学生の旅行便宜供与等を行う団体が相当存在している。

大陸諸国においては、いずれも政府が中心となって民間の団体と連絡を保ち、大規模な組織と経費でもっていわゆる文化外交の実を挙げるべく懸命の活動をしている。なかでも、フランスは、最も早くから対外文化事業の重要性を認識し、相当の規模で対外文化事業を展開しており、同国の有する機関や活動は他の諸国の模範となっている。

ドイツは、従来文化事業を軽視したために第一次世界大戦で多大の損害を蒙ったことを痛感した。ドイツは、戦前専ら軍事と経済の活動を偏重し文化の対外発揚を忘却したため、中立諸国がドイツに関する認識をほとんどもたなかったことに敗戦の原因があると認識した。終戦後ドイツは、過去の尊い経験を生かすため当時貧窮のどん底にあったにも拘らず外務省内に文化事業部を設置し、政治外交、経済外交に前駆すべきいわゆる文化外交なるものを懸命に行うようになった。組織、人員を整備し、多額の予算をもって文化事業を展開している。

スペインは、国際連盟脱退を契機に1926年国際文化事業機関を創設した。スペインは、連盟脱退に伴う国際的孤立を回避するため、従来等閑視されて

いた国際文化事業の創始・振興を図る必要が生じた。ラテンアメリカとの関係を緊密にするためには文化事業が重要であるという考えから、外務省内に国際文化事業部が、省外に文化事業奨励財団がそれぞれ設置されている。

柳澤は、以上の文脈の帰結として、日本の対外文化事業予算が大陸諸国の国際文化事業予算と比較して、いかに小規模であるかを指摘し予算規模の拡大を訴えている。彼が比較した各国の予算規模は以下のとおりである。

　　　フランス　　767万円
　　　ドイツ　　　868万円
　　　イタリア　　830万円
　　　スペイン　　300万円
　　　日本　　　　20万円[8]

以上のとおり、三枝と柳澤はともに、欧米列強の国際文化事業を分析した上で、日本は従来等閑視してきた対外文化事業にもっと注力すべきであると指摘している。

柳澤は、日本の国際文化事業として、①外国の諸大学に日本文化の講座を設置すること、②日本語学校もしくは日本語科を設置すること、③学者その他の派遣・招請及び交換、④学生の交換等、⑤出版物その他により日本文化を海外に紹介すること、⑥美術品その他各種の文化資料の寄贈・交換、⑦内外にある国際文化団体に対し補助・助成をなすこと、⑧展覧会・音楽会等を海外にて開催すること、⑨演劇・映画等を海外に進出させること、⑩国際的スポーツ並びに国技の海外進出に対し奨励の途を与えること、等の事例を挙げている。さらに、これ以外に、⑪国際的な探検、考古学的調査に対する協力、⑫海外における病院・研究所等の設置、⑬国際ラジオ放送の調整・交換、⑭レコードによる日本音楽の海外紹介、⑮海外における日本人関係の慈善事業に対する知的・財的援助、等各種の事業が考えられると述べており、これらの実施のためには中心的な機関と統一的・組織的な活動が必要であると述べている[9]。

日本の国際文化事業については、わが国の急速な近代国家への成長と国際

関係の拡大にも拘らず、政治・経済両面に比較して、はるかに立ち遅れた状態にあったが[10]、官民力を合わせて効果的に国際文化活動を展開する必要性から[11]、1934 年 4 月に財団法人国際文化振興会[12]が設立された。同会の目的として、国際間における文化の交換殊に日本及東方文化の海外宣揚を図り世界文化の進展及人類福祉の増進に貢献する[13]ことが謳われ、同会の事業綱要[14]として、①著述、編纂、翻訳及び出版、②講座の設置、講師の派遣及び交換、③講演会、展覧会及び演奏会の開催、④文化資料の寄贈及び交換、⑤知名外国人の招聘、⑥外国人の東方文化研究に対する便宜供与、⑦学生の派遣及び交換、⑧文化活動に関係ある団体若しくは個人との連絡、⑨映画の作製及びその指導援助、⑩会館、図書室、研究室の設置経営を掲げている。

　また、当時は、海外からの留学生が増加する傾向にあり、受入れ体制の整備が要請されていた[15]時代で、この要請に対応するべく 1935 年 12 月に外務省の外郭団体として国際学友会が設立された。その会則には、学生を通じ国際文化の交換を計り且在本邦外国人学生の保護善導を計ることを目的とし、①学生交換招致派遣並びに奨学金交付、②学生見学団の招致並びに派遣、③国際学生会議の開催、④宿舎の供給、⑤日本語の教授、⑥入学その他勉学上の斡旋、⑦講演見学その他啓発事業、⑧その他理事会において適当と認める事業等、を行うことが明記されている。

　以上、1930 年代の日本において、欧米各国の国際文化事業をどのように捉えていたか、また日本の国際文化事業はどのような状況にあったのかをみてきたが、これらの分析・検討から、欧米各国および日本の国際文化事業について、以下のとおり要約することができる。

　第 1 に、欧米諸国の国際文化事業については、政府機関が実施する国と民間の機関が実施する国とに大きく分かれるが、前者の場合は、自国言語の普及をはじめ自国文化の宣揚に重点が置かれている。他方、後者の場合は、たとえばロックフェラー財団[16]やキリスト教布教団のように、医療・衛生の面にも文化事業が展開されている。文化事業のアクターと事業の目的や展開範囲との間には強い関連性が存在している。

第1章 国際文化事業と対タイ文化事業　37

　第2に、日本の国際文化事業は、1930年代に入ってから開始されたが、欧米列強諸国と比較して、後発的であり、予算規模も極めて僅少であった。文化事業の内容は、海外に対する日本文化の宣揚が主たるものであった。

第2節　欧米諸国の対タイ文化事業

　本節では、タイに対する欧米諸国の文化事業展開について分析・検討する。

　欧米諸国がタイにおいて展開した文化事業は、主に医療・衛生方面と教育関係であった。まず、医療・衛生関係では、アメリカの宣教師の活動が特に注目される。天田六郎によれば、アメリカ人宣教師が最初にタイに来たのは1828年であった。以来彼らは、キリスト教（新教）の布教活動を熱心に行うとともに教会に薬局を設置して病人の簡単な治療に努めた。また、彼らは、タイの劣悪な衛生状態とタイ人の無知と皆無といえる衛生意識がタイ人の病死などの不幸を招いていると考え、教団自身で学校を開設して女子の教育に注力したり、看護婦養成機関を伴う病院を建設するなど実施した。このような努力により、爾来百年タイにおける米国布教団の事業は立派な成果を示し諸外国のタイに対する文化事業の模範となった[17]。また、奥村鐵男によれば、アメリカの布教団は、1867年チェンマイに優秀な設備を有するマコーミック病院を、また1908年には同地に東洋一と称せられる癩療養所を、さらに1922年にナコーン・シータマラートにも癩療養所を、それぞれ開設した[18]。柳澤健は、チェンマイの癩病院の米国人院長が自ら罹病し帰国した後、その息子が後任の院長として日夜献身的に治療・看護にあたっていることに「敵国人ながら天晴れ！」と感心している[19]。このように米国布教団がタイにおいて展開している事業の状況を見れば、キリスト教布教団がタイの文化向上に多大の貢献をしていることは誰もが認めるところであると天田は述べている[20]。

　医学教育関係では、ロックフェラー財団の活動が特筆に値する。Landon

は、ロックフェラー財団が 1921 年タイ政府に招かれ既存の医学校の近代化に取り組んだと述べている [21]。新校舎が建設され、6 人の教授が各科に配属され、将来有望な学生にはアメリカで研究するために奨学金が支給された。Fosdick も同様なことを述べており、財団はタイで野心的な仕事をしたと述べている [22]。

　また、在タイ特命全権公使矢田部保吉は、外務大臣廣田弘毅宛の 1935 年 2 月 12 日付公第 60 号信「暹羅人学生ニ与ヘラルル外国奨学資金ニ関スル件」の末尾で、ロックフェラー財団とタイ政府との間の契約について次のように記している [23]。すなわち、タイ政府側は、①9 名の教授を採用すること（月俸 800 バーツ乃至 1000 バーツ）、②各種の研究機関を設置すること、③外国人看護婦を雇用すること、④一般医学の向上発達を図ることとし、財団側は、①9 名の各科教授に要する増俸額を補助すること、②タイ人にフェローシップ奨学金を支給すること、③タイ国において解剖学、人体学、外科学用建物を建築すること、④英語教師 1 名を雇用すること（月俸 700 バーツ）、⑤女子学生用建物及び細菌学建物を衛生学科のために建築すべく 30 万バーツを出資することとしている。

　教育関係でも欧米諸国はタイの文化向上に大きな貢献をしている。主なものとして、イギリスの布教団は、バンコクにセント・ピータ・スクール（中学校）及びセント・メアリ・スクール（女学校）等の中学校を経営しており、アメリカ長老派教団は、バンコクで、バンコク・クリスチャン・カレッジ（中学校）、ワッタナー・ウィタヤ・アカデミイ（女学校）を、北部チェンマイで、中学校及び女学校を設立した。また、フランスのローマン・カトリック教団は、バンコクにアサムプション・カレッジを設置し、中学校、女学校を各 1 校経営している [24]。

　タイ人留学生を招致するための奨学資金制度を実施している欧米諸国は、ドイツ、フランス、アメリカの 3 カ国である [25]。矢田部公使は、日本への招致留学生に奨学資金を支給する制度を実現させたいと意図して、前述の書簡公第 60 号信「暹羅人学生ニ与エラルル外国奨学資金ニ関スル件」で廣田

外務大臣に海外の奨学資金制度に関する情報を以下のとおり提出している。

　　暹羅人留学生ヲ本邦ニ招致スルノ目的ヲ以テスル奨学資金設定ノ計画
　　ニ関シテハ客年 11 月 19 日附第 212 号拙信申進ノ次第有之　右ニ付テ
　　ハ折角御配慮ヲ相煩シ居ルコトト存スル處、右ニ関連シ諸外国側ニ於
　　テ暹羅人学生ノ為ニ現ニ設定セラレアル奨学資金制度ニ関シテ取調ノ
　　結果、別紙調書進達ス。右ハ未タ完璧ヲ期シ難キモノナルコト勿論ナ
　　ルモ一応ノ御参考迄ニ御査閲相成様致度シ　右申進ス [26]

という本文の後に、別紙「諸外国ノ設定ニ係ル暹羅人学生奨学資金制度梗概」
で、現在タイ人留学生を自国に招致する目的でタイ人学生に奨学資金を支給
する制度を有する国は、ドイツ、フランス、アメリカの３カ国であり、タイ
人の官費留学生の８〜９割が留学するイギリスには奨学金制度による招致
の必要性がないと考えられるとして、３カ国の奨学資金制度の概要を以下の
とおり述べている。

　先ず、ドイツについて、
　（イ）出資者は、ドイツ政府及びフンボルトスティフトウング（Humbort
Stifftung）協会で、ドイツ政府は、ドイツ文化普及の目的で資金を提供し、
ドイツ文化普及のための外国留学生招致を目的とするフンボルトスティフ
トゥング協会が資金を追加する。
　（ロ）目的は、ドイツ文化普及のため諸外国人留学生を招致することおよ
び国際文化交換のため留学生の交換を行うことである。
　（ハ）選抜留学生数は、１ヵ年４人としている。 1933 年迄は１年２人で
あったが、1934 年以降１年４人に増員した。もっとも、1933 年度におい
ては、２人の予定に対して１人、1934 年度は４人の予定に対して３人を選
抜派遣したにすぎない。これはタイ人学生のドイツ留学希望者が少なく、従っ
て推薦を受ける者が少なかったことによるということである。

（ニ）選抜方法として、特別の試験を課すことはなく、マタヨム8年修了者もしくは大学在学生で当該学校教師の推薦と在タイドイツ公使館と密接な関係を有するタイ人または在留ドイツ人が保証する希望者の中から、ドイツ公使館及ビーグリム商会（B.Grimm ＆ Co.）において選抜する。

（ホ）留学期間は、1年間とする。但し、留学中、成績によりこれを延長することもある。実際多くは之を延長し、留学期間約3年に及ぶのが普通と言われる。

（ヘ）学資は、月額110マルク、但し、在学中ノ授業料その他の諸学習費、健康保険料はドイツ政府が別途之を支弁する。

（ト）現在ドイツ留学中の奨学資金学生数は5名である。

ということであるが、その「備考」には、ドイツの奨学資金制度は国際文化交換のため留学生の相互交換が目的であるが、未だドイツ人学生のタイに留学する者は皆無であると記されている。国際文化交換と言いながら、実態は、ドイツの自国文化の普及ということになっていると言うことができる。

次に、フランスについて、

（イ）出資者は、フランス政府および仏領インドシナ政府である。すなわち、フランス本国への留学生についてはフランス本国政府が、仏領インドシナへの留学生については仏領インドシナ政府が、それぞれ所要学資を負担する。

（ロ）目的は、フランス文化の普及である。

（ハ）選抜留学生数は、一定していない。但し、概ね毎年1人または2人である。

（ニ）選抜方法は、在タイフランス公使館代表、志願者の在学中または卒業した学校の校長および当該学校のフランス語教師から成る選考委員会が試験の上選抜する。右委員会の課す試験科目については何も規定がなく、選考委員会の裁量に一任されている。志願者の資格についても規定がない。

（ホ）留学期間は、約3年。

（ヘ）学資は月額1000フランで、他に授業料免除の特典がある。

　　　往復旅費中船車料は、1等或いは2等運賃分を支給される。

（ト）現在フランス本国留学中の奨学資金学生は1名である。

　奨学資金は、留学先がフランス本国の場合はフランス政府が、また、仏領インドシナの場合は仏領インドシナ政府がそれぞれ支払い、フランス文化の普及が目的で、期間は3年である。現在、フランス本国に留学中の奨学資金学生は1名である。また、備考には、最近2年間は選抜派遣が行われていないが、その理由は不明であると記されている。

　アメリカについては、

（イ）出資者は、ロックフェラー財団である。

（ロ）目的は、人類一般の幸福ならびに特にタイ国民の福祉増進に貢献すると考えられる学術研究の奨励補助である。

（ハ）選抜留学生人員は、一定していない。

（ニ）選抜方法は、文部省代表者、ロックフェラー財団代表者及びタイ国チュラーロンコーン大学代表者の3名から成る選考委員会において、チュラーロンコーン大学各科主任教授推薦の大学教授または学生の中から選抜されることになっている。現実には、主として医学部教授の中から選抜されている。

（ホ）留学期間は一定していない。なお、本奨学資金の目的は上述のとおりであるので、学生の留学地は必ずしもアメリカに限定されることではなく、中国、フィリピンになることもある。

（ヘ）学費は、独身者に対しては月額120ドル、既婚者に対しては月額181ドル50セントである。それ以外に、旅費を支給する。なお、留学中に必要となる授業料および高額の学術実験費は、すべて財団がこれを負担する。

（ト）現在留学中の奨学資金学生数は、7名である。

　特徴的なのは、選抜方法で、タイ文部省代表者、ロックフェラー財団代表者、およびチュラーロンコーン大学代表者の3名で選考委員会が組織され、同大学各科主任教授の推薦に基づき、大学教授または学生から留学生が選抜

されることである。主として、医学部の教授の中から選抜されている。

　ドイツ、フランス、アメリカの3カ国の奨学資金制度の概要は上述のとおりであるが、要約すると、ドイツでは、政府及びフンボルトスティフトゥング協会が出資し、毎年4名を原則1年間（成績次第で延長もありうる）ドイツへ留学させるというものであるが、実際には人数は少なく、留学中の学生は5名である。ドイツとタイの間では留学生の相互交換を目的としているが、ドイツからタイへの留学生は一人もいない。フランスでは、政府及び仏領インドシナ政府の出資により、毎年1～2名を3年間フランスへ留学させるというものであるが、留学中の学生は1名で、最近2年間は実施されていない。アメリカの場合、出資者はロックフェラー財団で、人数も期間も一定せず、留学先もアメリカのほかに中国、フィリピンになることもあるというものである。

　ドイツ、フランス、アメリカの奨学資金制度の目的は、ドイツ、フランスが自国文化の普及としているのに対して、アメリカは一般人類の幸福ならびにタイ国民の福祉増進に貢献すべき学術研究の奨励補助としている点は、本章第1節で考察した大陸系とアングロサクソン系との相違を如実に表している。

　矢田部公使は、同書簡で参考までに、外国側が設定した奨学資金を受けずに留学しているタイ人学生の状況を報告している。それによれば、英国53名（内、私費留学生24名）、米国16名（同6名）、仏国5名（同4名）、独国3名（同0名）となっている。

　Landon は、1937‐38年のタイ人留学生の国別状況について、私費留学生を含めた概数として、米国50、英国100、日本200、ドイツ20、フランス50、フィリピン200と述べている[27]。

　以上のとおり欧米諸国のタイに対する文化事業を検討したが、アメリカの存在感が大きいということは、100年以上かけて地道に文化事業を展開してきたという実績に裏付けられているからであり、文化事業は、短期間で成果が得られるものではない[28]ということ示している。

欧米諸国の対タイ文化事業は、主として医療・衛生関係と教育関係であった。医療・衛生関係では、米国の布教団の地道な活動が百年以上継続されタイの文化水準向上に貢献した。医学教育関係では、米国ロックフェラー財団が医学校の近代化に取り組んだ。教育関係では、英、米、仏各国の布教団がそれぞれ中学校、女学校を創設し経営した。欧米諸国の対タイ文化事業は、布教団や財団という民間の機関によって実施された。それらのほとんどが自国文化の普及というよりはむしろタイ国民の文化向上、福祉増進を目的としていた。

第3節　日本の対タイ文化事業

本節では、日本のタイに対する文化事業について検討する。欧米諸国と比較して後発的であった日本の対タイ文化事業のなかにあって、本研究の対象である当該奨学事業が先駆的であったことを明らかにする。

日本がタイに対して本格的に文化事業を展開するのは1933年以降である[29]。1933年2月24日国際連盟総会で満州国不承認の勧告案が賛成42、反対1（日本）、棄権1（タイ）で採択されたとき、日本では棄権したタイに対する評価が高まった。一方タイでは、日本留学や日本語学習の希望者が増大する傾向にあった。日本留学希望者増大に対応する事業展開は、矢田部公使の廣田外務大臣宛1934年9月24日付公第153号信「留日暹羅学生ノ為ニスル保護指導機関設置ノ急務ニ関スル件」が起点となる。これは本研究の課題に関係するので、第6章で詳述するが、概要は以下のとおりである。すなわち、留学の目的をもって日本へ渡航するため旅券査証を求めたタイ人学生が前年春以来25名にも上っており、日本留学希望者は今後益々増加するものと予想されるので、本邦において至急適当な保護指導機関を設置するなど、その対応を至急本省当局で具体的に検討してほしいと要請している[30]。また、この書簡の末尾部分で、

名古屋ノ実業家伊藤次郎左衛門氏ハ奨学資金ヲ設定シテ、暹羅学生ヲ
招致養成シ度キ計画ヲ有シ来年初メ頃迄ニハ実現シタキ希望ナリ（此
ノ件ニツキテハ別紙ヲ以テ委細報告ノ筈）斯ル事情ナルヲ以テ本件指
導機関設定方特別至急御配慮相仰キ度ク尚差当リ前記海外教育協会ニ
於テ暹羅人学生収容方引受クヘキヤ否ヤニ付本信御接受次第御慥メノ
上御電報ヲ乞フ [31]

と、すでに伊藤次郎左衛門と面談したことを明らかにしている。

　1934 年 9 月にインド仏蹟巡拝の途中、タイに立寄った名古屋の資産家伊
藤次郎左衛門は、在タイ矢田部公使から、タイ人留学生に奨学資金を支給し
日本で修学させてほしいと要請され、1935 年 6 月に名古屋日暹協会を設立
して、1936 年 2 月にはタイ人留学生 3 名を受け入れた。その後 1937 年に
2 名、39 年に 2 名を受け入れた。当該奨学事業は、タイの文化向上に貢献
する文化協力事業であり、対タイ文化事業の草創期に実施されたものとして、
極めて画期的なものであった。

　矢田部公使は、タイ（＝現地）から外務省本省（＝中央）に留学生受入れ
施設の確保などに関して、再三意見具申や要望を行った。その影響と考えら
れるが、外務省内でタイに対する文化事業に関する打合せが行われた。外務
省記録の中に、打合せの議題を記したメモが残されている。それによれば、
会議は、1934 年 11 月 28 日に午後 2 時半より東亜局長室で開催された。
出席者は、東亜局長、同局第 1 課長、同局第 2 課長、笠原副領事、文化部長、
同部第 1 課長、同部第 2 課長、および会計課長の 8 名であった。「対暹文化
事業打合会議題」には以下のように記されている [32]。

　　1．交換教授ノ件（三原博士出張旅費参照）
　　2．留日暹羅国学生一定数ニ対スル授業料補給ノ件
　　　　（一人 1 ヵ年授業料 120 円、書籍費 36 円、経費総額 1,200 円）

3．暹羅国人ニ対スル日本語教授ノ為、在盤谷日本人小学校教員 1 名増員ニ付補助金交付ノ件（俸給 1 人年額 1,900 円　月額 166 円）

4．留日暹羅国学生指導監督機関設置ノ件（寄宿舎建築費 6,000 円、什器其ノ他 4,000 円、維持費）

5．暹羅国舞踏家招聘ノ件

6．伊藤教授ノ助手ニ対スル補給金ノ分担ニ関スル件（補給 18 ヶ月分 1,800 円、往復旅費 1,000 円　計 2,800 円）

　その後、これらの対タイ文化事業がどのように進展したかを研究することは今後の課題である。

　日本政府は、1936 年 8 月 7 日の五相会議で「国策の基準」を決定した。この国策に適応させるために講じられるいくつかの適当な措置のなかに、「対外文化発揚」に関し、次のような規定が謳われている。すなわち、「外交機関ノ刷新ト共ニ情報宣伝組織ヲ充備シ外交機関並ニ対外文化発揚ヲ活発ニス[33]」である。同日に行われた四相会議で「帝国外交方針」が決定された。国策の達成のために外交方針を確立し、出先文武官憲と連絡を緊密にし、国民の指導を積極、適切にして、外交の完全なる統制を期す[34]、と定められている。その方策要綱として、南洋方面については、世界通商上の要衝であるとともに、産業および国防上の必要不可欠の地域であり、また、日本民族の発展の自然的地域として進出する地歩を固めるべきであろうが、関係諸国を刺激せず、日本に対する危惧を除去するようにし、平和的且つ漸進的に発展進出するように努めるべきである[35] と記している。そのなかで、タイに関しては、「暹羅及其ノ他後進民族ニ対シテハ共存共栄ヲ基調トシテ適当ニ指導誘掖ス」とあるように、共存共栄を謳いながら指導していくというものであった。

　この「国策の基準」および「帝国外交方針」が、その後の対外的な文化事業にも強く影響を及ぼしていると考えられる。これ以降、日中戦争を経て、太平洋戦争に至る過程で、対外文化事業は、「中央」主導の「日本文化の宣揚」

という性格が強まり、「現地」対「中央」という図式は成立しなくなると考えられる。戦後、国際間の文化交流が活発化するとともに、上記図式は復活すると考えられるが、その研究については今後の課題である。

タイにおける日本語学習希望者増大に対応する本格的な事業展開は、1938年から開始された。それ以前にもタイにおいてタイ人に対する日本語教育は行われていた[36]が、小規模であり、組織的な文化事業とは考え難いものであった。

1937年7月にアメリカでの日本語教育の仕事を終えて帰国した松宮一也は、外務省文化事業部で伊奈信男と懇談し、日本語学習熱が高まっているタイへの日本語教育事業実施案を作成することになった。同年12月に、外務省、日暹協会、三井シャム室、南洋協会等の関係者が松宮作成の原案に関して協議し、概ね原案どおり実行に移すことが決定された[37]。

この対タイ文化事業案は、「中央」で発想された文化事業で、日本語教育、日本文化の宣揚を目的としたものであった。

この原案は、1938年4月1日付で「日暹国際文化事業実施案」として、外務省文化事業部第三課から東亜局長宛に報告されたものが外務省記録の中に残っている。この実施案は、その後タイに対する「文化事業」もしくは「文化工作」として提言された事業案の原型になっている。構成は、以下のとおりである。[38]

　　1．暹羅国ニ於ケル対日情勢
　　2．日暹文化事業ノ概要
　　3．事業の実施
　　　　参考資料　第1号　暹羅国ニ於ケル日本語研究ノ現状
　　　　　　　　　　　　　（在暹羅国帝国公使館報告ヨリ抜粋）
　　　　　　　　　第2号　「日暹文化協会」設立準備計画案
　　　　　　　　　第3号　「盤谷日語文化研究所」設立計画案
　　　　　　　　　第4号　「盤谷日本語学校」設立実施案

第1章 国際文化事業と対タイ文化事業　**47**

　さらに、1938年度において実施する事業として、①「日暹文化協会」設
立の準備、②「盤谷日語文化研究所」設立の基礎としての「盤谷日本語学校」
事業の開始、③「盤谷日本会館」設立のための状況調査、④在留暹羅人に対
する組織的教育事業開始の準備、が挙げられている。

　時系列的に見て、その次の対タイ文化事業に関する記述は、1938年7
月11日付在タイ特命全権公使村井倉松から外務大臣宇垣一成宛の機密公第
145号信「東方諸国ニ対スル我文化工作ニ関スル件」の中に見出される[39]。
この書簡の日付である7月11日は、バンコクに前日到着した松宮一也が公
使館を訪問し、村井公使、伊東総領事、笠原書記官、天田副領事と打ち合わ
せを行った日である[40]。村井書簡は、この日の打ち合わせ内容あるいは松宮
原案もしくは調査内容案に影響を受けていると考えられる。村井書簡によれ
ば、第1に、タイにおける日本の文化工作の現状として、①日本語講座、
②名古屋日暹協会奨学資金制度、③タイ人学生の日本内地修学旅行招致、の
3点が挙げられており、①については、日本の外務省から補助金を受けて
現地の日本人会が日本語講座を実施していたが、機構の不備から1938年3
月の後藤善吾教員の退職を機に閉校し、近々本省派遣の教授の到着とともに
現地日暹協会運営のもとで再開の予定であること、②については、伊藤次郎
左衛門の出資により創設された名古屋日暹協会奨学資金制度で、1936年は
3名、37年度は2名留学したが、38年度はなぜか協会からの招致が中断し
ていること、③については、神戸の岡崎忠雄の出資により1938年4月に
タイ人学生10名が初めて日本内地修学旅行に招致されたが概ね良好な結果
であること、がそれぞれ記されている。

　第2に、今後の対タイ文化工作として、①奨学資金制度の充実、②日本
語学校施設拡充、③日本紹介所の設置、④タイ学生の日本修学旅行招致、⑤
交換教授、⑥タイ字新聞の創刊、が挙げられている。第1で挙げた現行の
文化工作が貧弱なので、今後一層これを強化する上で実行性を伴うものとし
てこの6点が掲げられている。特に、①について村井は、奨学資金制度が

本年度において中断しているのは非常に遺憾であり、もし中断の理由が資金
関係ならば補助金を交付するかあるいは東京暹羅協会にも奨学資金制度を創
設させる等の方法で、少なくともポストグラデュエート学生 7 名、マタヨ
ム科（中等科）2,3 年修了程度の学生 2 名乃至 3 名を留学生として招致する
よう取り計らう必要があると述べている。

　また、松宮一也は、2 ヶ月間のバンコクでの調査結果を、1938 年 11 月
1 日付『日暹文化事業実施並調査報告書』としてまとめている。これによれば、
彼の出張目的は、「外務省文化事業部ノ嘱託ニ依リ暹羅国ニ於ケル我邦文化
工作ノ基礎ヲ建設スルタメ左記事業ノ遂行ヲ使命トス」として次の 3 項目
が挙げられている。「（イ）盤谷ニ於ケル日本語教授及日本事情普及機関ノ開
設、（ロ）盤谷日本会館創設ニ関スル現地調査、（ハ）対暹文化事業方策ノ研
究調査[41]」ということである。要するに、タイにおける日本の文化工作の基
礎を築くため、①バンコクにおける日本語教育及び日本事情普及機関の開設、
②バンコク日本会館創設に関する現地調査、③対タイ文化事業方策の研究調
査、を遂行することであった。松宮は、報告書の中で、アクターの種類に応
じた事業項目を次のように列記している。

①外務省補助金によりバンコク日本文化研究所を通じて実施しうる事業と
　　して、バンコク文化研究所の強化、タイ留学生の組織的招致、日本留学
　　生及び関係者の団体組織、日本紹介所の開設、日本図書館の組織拡充、
　　日本図書の組織的配給、日本映画及びレコード等の配給、日本文献のタ
　　イ語翻訳編纂並びに出版、タイ文化の研鑽、
②在タイ日本公使館を中心に促進すべき事業として、タイにおける日本文
　　化政策調査機関の設置、在バンコク大企業派遣員の選任に関する件、タ
　　イ字新聞の発行、タイ教育機関に日本講座の開設、交換教授、文化事務
　　官の設置、
③公使館、バンコク日本文化研究所、日本人会、商工会議所、日本のタイ
　　関係団体及び有力者有志を通じて計画すべき事業として、日本会館の建

設、日本見学団の組織、病院建設、

④日本のタイ関係諸団体及び有力者を中心に計画すべき事業として、タイ教育令に準拠する各種教育機関の設置、医療社会事業、

というように種々記されている[42]が、これらはアクターと事業展開範囲との関係を考察する上で参考になる資料である。松宮は、アクターとして民間機関を重視しているが、政府が文化事業を行うと政治的な宣伝と見られ、その効果が大幅に減じる傾向にあるという考えによるものと思われる[43]。彼は、星田晋五や高宮太郎とともに日本語学校開設の基礎固めを行い、1938年9月に帰国したが、日本文化研究所日本語学校は、同年12月21日に開校した[44]。

以上、1930年代の日本の対タイ文化事業について分析・検討したが、タイ人学生を日本へ招致し奨学資金を支給して修学させるという当該奨学事業は、民間主導で実施されていることや他の文化事業よりも早く実施されていること及びタイの文化向上に貢献する目的で実施されたことなどから、先駆的な事業であったと言うことができる。

本節は、以下のように要約することができる。

日本の本格的な対タイ文化事業は、1933年以降に展開された。タイでは、日本留学や日本語学習の希望者が増大しつつあった。駐タイ公使矢田部保吉は、タイ青年を日本に留学させることを発想した。伊藤次郎左衛門のリーダーシップにより、名古屋日暹協会（＝現地）が在タイ日本公使館（＝現地）の協力を得て1936年からタイ人留学生を受け入れた。一方タイでは、日本外務省や関係民間機関（＝中央）が中心となって企画した日本語学校開設が、松宮、星田、高宮らの努力によって推進され、1938年12月に日本語学校は開校した。名古屋日暹協会が運営した当該奨学事業は、日本語教育事業よりも早く実施され、タイの文化向上に貢献するなど、対タイ文化事業の草創期に実施されたものとして、先駆的な事業であった。

小結

　本章では、1930年代前半の欧米諸国の国際文化事業を概観し、日本の国際文化事業の状況を分析・検討した。第1節では、各国の国際文化事業の概要と日本の国際文化事業の位置づけを、第2節では、欧米諸国の対タイ文化事業を、および第3節では、日本の対タイ文化事業展開をそれぞれ分析・検討した。これらの分析・検討から、欧米諸国の国際文化事業におけるアクターと事業の目的・展開範囲との関連性、および日本の国際文化事業における当該奨学事業の位置づけに関して以下の知見を得ることができた。

　第1に、欧米諸国の国際文化事業について、政府または政府機関がこれを実施する場合は、自国言語をはじめ自国文化の普及に重点が置かれているが、一方、財団や宗教布教団のような民間の機関が実施する場合は、それだけに限定せず、医療・衛生、教育関係の分野にも文化事業が展開されており、アクターと事業の目的や展開範囲との間には強い関連性が存在する。

　第2に、日本の国際文化事業は、欧米諸国と比較して後発的であり、予算も極めて小規模であった。事業目的は、海外に対する日本文化の宣揚が主たるものであった。

　第3に、欧米諸国の対タイ文化事業は、主として医療・衛生、教育関係の分野に重点が置かれ、百年以上前から実施されているものもあった。アクターは、財団や布教団のような民間機関であり、事業の目的は、タイ国民の文化向上、福祉増進にあった。

　第4に、名古屋日暹協会の奨学事業は、タイにおける日本語教育事業よりも早く実施され、タイの文化向上に貢献するなど、日本の対タイ文化事業の草創期に実施されたものとしては、先駆的な事業であった。

注

1 　三枝茂智（1931）『対外文化事業に就て』外務省文化事業部。
2 　同上書、6頁
3 　三枝は、日本外務省文化事業部の仕事は年額わずか300万円であるのに対し、
　　ロックフェラー財団は数千万円の仕事をしているのであるから、アメリカ政
　　府がこの方面に尽力する必要はない、と述べている。（同上、8頁）
4 　Dollot , Louis(1965) 三保元訳『国際文化交流』（白水社）に、つぎのような
　　記述がある。
　　「1838年の『アリアンス・フランセーズ』の設立は歴史的な事件である。ア
　　リアンス・フランセーズは偉大な文明の鍵であるフランス語の使用を各国に
　　おいて維持し特にその普及を目的として設立された。この分野においてもフ
　　ランスはやはり先駆者であった。」（54頁）
5 　柳澤健（1934a）「国際文化事業とは何ぞや」『外交時報』第704号、71頁。
6 　柳澤健（1933）『各国の国際文化事業に就いて』、1-20頁。
7 　政府関係機関として1934年に「ブリティッシュ・カウンシル」（以下、BC
　　と略す）が創設されたが、本格的活動は1946年になってからである。BC
　　の発展は非常に緩慢で、1954年になってはじめて「ドロゲーダ委員会」が、
　　BCの使命として「英語教育、英国の科学、芸術の紹介の長期計画」を実行
　　することを定めた。Dollot, Louis(1965), op.cit. p.100
8 　柳澤は、1934年度予算において、国際文化局設置を企図して約200万円を
　　外務省の事業費として申請したが、承認された金額は20万円であり、ほと
　　んど全額が国際文化振興会への補助費になったと述べている。柳澤健（1934
　　b）「国際文化事業とは何ぞや」『外交時報』第706号、43-44頁。
9 　柳澤健（1934b）「国際文化事業とは何ぞや（続）」『外交時報』第706号、
　　45-50頁。
10 　国際文化振興会（1964）『KBS30年のあゆみ』10頁。
11 　同上書、12頁。
12 　国際文化振興会については、芝崎厚士前掲書に詳細に論述されている。
13 　国際文化振興会（1935）『財団法人国際文化振興会　設立経過及昭和九年
　　度事業報告書』17頁。
14 　同上書、13-16頁。
15 　村嶋英治（2002）「矢田部公使のタイ研究及び留学生事業──今日への遺産」
　　『特命全権公使　矢田部保吉』矢田部会、120-122頁。
16 　Fosdick, Raymond B.（1952）" The Story of The Rockefeller Foundation"

Harper & Brothers, pp.105-106

17 天田六郎（1939）「米人宣教師始めて入泰の事」『日本タイ協会会報』第 17 号、41-53 頁。

18 奥村鐵男（1941）「宗教及教育制度」宮原武雄編著『躍進泰国の全貌』愛国新聞社、238 頁。

19 柳澤健（1943）『泰国と日本文化』不二書房、186 頁。

20 天田六郎（1939）、前掲書、52-53 頁。

21 Landon, Kenneth P. (1939) "Siam in Transition", University of Chicago Press, p.118

22 Fosdick, Raymond B., op.cit. p.116

23 外務省記録（外務省外交史料館史料）I-1-2-0-3-1「在本邦各国留学生関係雑件　泰国ノ部」

24 奥村鐵男（1941）前掲書、237-238 頁。

25 同上書、238 頁。　奥村は、イギリスにこの制度がない理由として、19 世紀末葉以降、タイの王族及び貴族等有力者の子弟で外国留学する者は、大部分イギリスに学び、政府留学生もその 8~9 割はイギリスへ留学する状況であるので、イギリスは奨学資金等の方法によって彼らを誘致する必要を感じなかったものと推測されると述べている。

26 外務省記録前掲 I-1-2-0-3-1

27 Landon, Kenneth P. (1939), op. cit., p.111

28 柳澤健（1934b）前掲書、51 頁　で、文化事業の特性として、その真の効果が発生するのは事業開始後 5 年・10 年もしくは 20 年の遥かな先であると述べ、地味且つ気長にこれを遂行してこそ始めて真の効果を挙げることができると述べている。

29 Reynolds, E. Bruce (1991) "Imperial Japan's Cultural Program in Thailand" Goodman, Grant K.(ed.), *Japanese Cultural Policies in Southeast Asia during World War 2*, MACMILLAN, p.93

30 外務省記録 I-1-2-0-3-1「在本邦各国留学生関係雑件　泰国ノ部」。

31 外務省記録 I-1-2-0-3-1「在本邦各国留学生関係雑件　泰国ノ部」。

32 外務省記録前掲 I-1-2-0-3-1。

33 外務省編（1966）『日本外交年表並主要文書　下巻』原書房、344 頁。

34 同上書、345 頁。

35 同上書、347 頁。

36 松井嘉和、北村武士、ウォーラウット・チラソンバット共著（1999）『タイにおける日本語教育――その基盤と生成と発展』錦正社、44 頁　及び、村田翼夫（1978）「戦前における日・タイ間の人的交流――タイ人の日本留

学を中心として——」『国立教育研究所紀要　第 94 集』国立教育研究所、
198 頁。
37　松宮一也（1942）『日本語の世界的進出』婦女界社、239-251 頁。
38　外務省記録 I-1-0-0-1「本邦ニ於ケル文化研究並同事業関係雑件」。
39　外務省記録 I-1-0-0-4「各国ニ於ケル文化事業関係雑件」
40　外務省記録 I-1-1-0-1「本邦各国間文化交換関係雑件」
41　外務省記録前掲 I-1-1-0-1。
42　同上書。
43　松宮一也（1938）「対暹文化事業雑記」『暹羅協会会報』第 13 号、58 頁。
44　暹羅協会（1939）『暹羅協会会報』第 14 号、127 頁。
　　星田晋五（1941）「日本－タイ文化研究所の創立と事業」星田言（2002）
　　編『星田晋五寄稿・伝文・遺稿著作集』170 頁 には、12 月 22 日と記述さ
　　れている。また、関野房夫 (1943)「泰国及仏領印度支那に於ける日本語教
　　育の現状（一）」日本語教育振興会『日本語』第 3 巻第 8 号、53 頁 には、
　　12 月 20 日と記されている。

第２章

稲垣満次郎とタイ

本章では、対タイ文化事業の主要なアクターの一人である稲垣満次郎がタイとどのように関わったかを分析する。英国留学から帰国した稲垣は、東邦協会に所属して著作活動や講演活動を行ったが、東邦協会時代に、日タイ修好条約締結の可能性を探るため、最初のタイ訪問を果たしている。稲垣は、1897年（明治30年）に初代のタイ駐剳弁理公使としてタイに赴任した。稲垣は、在任中に種々の施策を実施して日タイ両国の親交関係構築に貢献した。彼の対タイ文化事業については、第3章「仏骨奉迎事業」および第4章「タイ皇后派遣学生の日本留学」で詳述する。

第1節　東邦協会と稲垣満次郎

稲垣満次郎は、英国ケンブリッジ大学留学を終えて帰国した後、東邦協会に加入して著作活動や講演活動を行い論客として注目された。東邦協会がどのような団体であり、稲垣がどのような立場にあったのか、東邦協会時代の稲垣満次郎を以下論述する。

1891年（明治24年）5月31日に発行された『東邦協会報告　第一』に「東邦協会設置趣旨」が掲載されている。要約すると、東洋の諸邦や南洋の諸島など日本近隣の情勢を詳らかにしてこれを国民に知らせることは今日の急務である。政治や法律から学術、技芸に到るまで、みな各々その協会がある。しかし、東南洋の事を研究する者はほとんど稀である。ここに「東邦協会」を興し東南洋の事物を講究する、と設立の趣旨が述べられている[1]。さらに、東邦協会の事業について、「東邦協会事業順序」が以下のとおり明示されている[2]。

　　第1条　本会は主として東洋諸邦及ひ南洋諸島に関する左の事項を講
　　　　　究す
　　　　　（第1）地理、（第2）商況、（第3）兵制、（第4）殖民、（第5）

国交、（第6）近世史、（第7）統計

第2条　右の講究を補益せんか為め本会は国際法及ひ欧米各国の外交
　　　　政策並殖民貿易の事を講究す

第3条　右の講究により得たる結果は本会報告として之を世に公にす

第4条　右講究の資料として本会は東南洋に関する左の書類を蒐集す
　　　　（1）通信、（2）新聞、（3）雑誌、（4）著述、（5）舊記

第5条　本会は実地視察の為め探検員を諸地方に派遣する事あるへし

第6条　本会は講究の付属として一の学館を設け本会の目的に従ひ之
　　　　に応すへき人才を養成すへし

第7条　本会は講究の結果を世人に示さんか為め講談会を開くことあ
　　　　るへし

第8条　本会は追て材料の蒐集を俟ち東京に於て書籍館又は博物館を
　　　　設置すへし

第9条　会員役員事並維持費の事等は更に細則を以て之を規定す

　以上の「事業順序」を見ると、第2節で後述する稲垣満次郎のタイ訪問
や日タイ通商条約締結の建白書提出は、東邦協会の核心的な事業であったと
言うことができる。

　東邦協会の会員は、第1回報告時は全員で102名在籍しており、そのな
かには、板垣退助、犬養毅、原敬、星亨、尾崎行雄、谷干城、田口卯吉、副
島種臣、榎本武揚、矢野文雄、小村寿太郎、志賀重昂などが含まれている。
翌6月30日出版の『東邦協会報告　第二』には、新入会員として、伊藤博
文、頭山満、大井憲太郎、高田早苗、後藤象次郎、近衛篤麿、青木周蔵、肝
付兼行、品川弥二郎、松方正義などが記されている。

　1891年（明治24年）7月31日出版の『東邦協会報告　第三』に、稲垣
満次郎は新入会員として記されている。稲垣満次郎の東邦協会での活動内容
について、次に略述する。

　1892年（明治25年）9月2日出版の『東邦協会報告　第十六』では、

稲垣は「評議員」になっており、翌年5月14日開催の第3回総会で、「評議員」に改選されている。同総会で、稲垣は「東方の危機」という題で演説をしている。また、1893年（明治26年）12月24日には、「朝鮮と列国との関係を論じて我国対外策の気勢に及ぶ」と題する講演を行っている[3]。

東邦協会は、1894年（明治27年）8月に、『東邦協会報告』の廃刊と『東邦協会会報』の新規刊行をその第1号で以下のとおり表明した。すなわち、「東邦協会会報」は、専ら学術的範囲内において東邦列国及び南洋に関する左の事項を記載するものとするとして、

(1)　地理及び近世歴史等
(2)　貿易及び統計等
(3)　兵制
(4)　植民
(5)　国交　　　以上各項について東邦協会で講究された考説もしくは記事
(6)　海外通信其他諸項の参照に供せられるべきもの

が挙げられている。

さらに、従来、東邦協会は毎月発行する所の報告なるものがあったが、本年7月に至って同報告はその発行を差止められた、故に同会は本月以降別に新に一雑誌を発刊して同会の考究に関係する上記事項を報告することとなった、その所載の論説記事は専ら学術的範囲に属するもので決して現今の政事を論ずるものではない、と報じているが、廃刊の理由、背景等は不明である。前年の稲垣の講演が関係するのか、日清戦争の影響があるのかも知れない。

1895年（明治28年）10月13日に開催された東邦協会臨時総会で副島種臣会頭は、開会の挨拶で、

日清戦争後、東邦協会の国家に対し東洋に対し当さに尽すべきの任務を完

ふせむが為めに会務を拡張し或は改革すべき必要を感じまして、前総会に於いて幹事長1名を置くことを請求いたし其許しを受けまして、稲垣満次郎君に幹事長を依頼いたしました。それと同時に臨時評議会を開きまして規約の改革すべき件を談合いたしました。[4]

と述べている。稲垣は、東邦協会の幹事長に就任した。

　稲垣は、『東邦協会会報　第十八号』（1896年1月23日発行）に「日本大使館ヲ清国北京ニ設立スベキノ議」という論文を寄稿し、日本の経済拡張のためにも、外交的利益と権利とを全うするためにも、清国北京に駐在する日本の外交官の任務は重大であるので、北京駐劄公使館を大使館に格上げすることを切望する[5]と主張している。これは、本稿序章の先行研究にある「稲垣は南進論者」という主張に反論する材料になると考えられる。

　稲垣満次郎のタイ赴任が決まった後、1897年（明治30年）3月21日に東邦協会による稲垣幹事長送別会が開かれた。近衛副会頭の送辞に答えて、稲垣満次郎は、以下のとおり答辞を述べた。稲垣は、まず、出席者に感謝の言葉を述べ、次いで東邦協会は東邦問題を国家問題として研究する本邦唯一の好団体であると存在意義を述べ、日タイ修好通商条約締結やマニラに領事館を設置することなどを政府に建議した実績を示して、会員を激励している。さらに、稲垣の問題意識から東邦協会及び会員に対して、トルコとギリシャの交戦や、ハワイの移民の送還あるいは、フィリピン諸島の匪賊の叛乱など、本会の研究事項は枚挙に遑がない、十分に研究し本会の意見を世間に公示し、本会の本領を完備することを切望する[6]、と述べている。東邦協会幹事長として講演や論文投稿など活躍してきた稲垣の、自分がタイに赴任した後の協会の発展を協会員に託すという熱い思いを感じることができる。

第2節　最初のタイ訪問および日タイ条約締結推進

　稲垣満次郎は、1894 年（明治 27 年）4 月に、通商条約締結と公使館設置の可能性を探るため、初めてタイを訪問した。タイの外務大臣テーワウォン親王との会談が最も重要な仕事であった。この会談は、稲垣が駐日オーストリア代理公使コンドーホフ伯爵の紹介状を差し出して面談を申し込んだもので、日本政府とは無関係なものであった。万一、この会談が不調に終わっても、日タイ両国関係の将来に支障を来たさないようにという配慮がなされていた。このタイ訪問の記録は『南征秘談』[7] に残されている。

　4 月 13 日の最初の会談で、稲垣は、まず、テーワウォンに自分の著書『東方策』の英文原書 *Japan and the Pacific: A Japanese View of the Eastern Question* を贈呈した。テーワウォンは、「タイのお茶の作法は日本と変わりません、お茶を一杯どうぞ」と稲垣にお茶を勧めた。この一言で、会談はスムーズに核心部分に入って行った。稲垣が、前年（1893 年）の暹仏事件について、日本国民の多くはタイに大変同情していると述べた時、テーワウォンは喜色満面に、日本国民の「義心」に感激している、欧州諸国に対し我々東洋の各国が互いにその心情を知悉し、ともに一致協力することは最急務である、と述べた。これに対して稲垣は、苦楽相共にし、利害相均しからんと欲するならば、両国間に条約を締結しなければならないが、タイは日本との条約締結に賛同されるか否かを聞かせてもらえるならば幸いである、と条約締結についてタイ側の意向を探っている。テーワウォンが、賛同するが、日本とは既に友国の条約があると述べたのに対し、稲垣は、友国たる宣言書（1887 年に調印された「修好通商ニ関スル日本国暹羅国間ノ宣言」）は存在するが、真の修好通商条約にはなっていない、現に、日本の公使館も未だタイに設置されていないと述べた。これに対して、テーワウォンは、通商条約を締結し、日本の公使館がタイに存在するのは自分の渇望するところであり、この件について自分は十分な便宜を日本に与えるだろうと、通商条約の締結と公使館

の設置に同意している。

　稲垣は、テーワウォンに、「殿下の今日の談話は、タイの外務大臣の言として、日本の二、三の有力家に洩らしても構わないか」と尋ねたところ、テーワウォンは、「外務大臣の言として責任を負う事は苦ではない」と答えている。種々の重要案件について、稲垣は、確認したい気持ちを抑えた心境を、次のように述べている。すなわち、

　　此時ニ至リテ外務大臣トノ談話大ニ急迫ノ点ニ達セリ、而シテ自ラ謂ラク以上ノ如ク已ニ確メタリト雖モ一回ノ談話ニ於テハ安心シ難ク且ツ暹羅人ノ言ナレハ常ニ変動シ易ク再三確メ置クニアラザレハ後日ニ至リテ之ヲ変スルモ知ル可ラス、然ルニ今重ネテ之ヲ確メント欲スレハ彼ニ対シテ礼ヲ失ヒ為メニ彼ノ感情ヲ害スルモ知ル可カラスト勘考シ[8]

と、テーワウォンの気持ちを害することを恐れて、重要案件についての確認質問を控えている。稲垣は、タイ人の感情を理解していたと思われる。

　会談のなかで、テーワウォンは、邦人の居住の自由と土地所有権、さらに、タイにおける日本の領事裁判権を認めることを言明した。初対面の会談において、なぜこのような重要案件の同意が得られたのか、その理由を分析すると、以下のことが考えられる。

　まず、タイが前年にフランスと衝突し国土割譲を余儀なくされ、また、信頼していたイギリスもタイを支援しなかったという列強の脅威をまともに受けていたこと等の対外事情が挙げられる。タイは、東洋の先進国である日本との友好関係構築を希望していたと考えられる。また、外国勢力の圧迫に苦しむタイに対する日本人の同情がテーワウォンを親日的にさせていたと考えられる。

　つぎに、テーワウォンは、英国ケンブリッジ大学に留学した経験のある稲垣に敬意を表し、信頼できる人物と判断したということが考えられる。

62

　さらに、稲垣が「人に感銘を与えずにはおかない話術の巧みさ、加えてイ
ギリスで磨きあげた語学力[9]」を有していたことが挙げられる。

　稲垣は、4月23日に外務省でテーワウォンと4回目の会談を行った。稲
垣は、4月14日にテーワウォンから借り受けたタイと欧州諸国との全条約
書を読了し、日本がタイと締結する場合の要求可能限度の腹案を作成して会
談に臨んだ。稲垣は、両国間の条約締結を前提として、テーワウォンに踏み
込んだ質問を行い、

　第1、邦人がタイで工業製造に従事すること、

　第2、邦人に鉱山発見・発掘の自由が与えられること、

　第3、邦人に日本製品の販売やタイ産品の購入についての自由が与えられ
　　　　ること、

　第4、日本貨物の輸入関税は3％以下であること、

　第5、邦人に株券の所有権が与えられること、

　第6、日本に最恵国待遇が与えられること、

の6カ条について、テーワウォンの内諾を得た。テーワウォンは、日本と
タイは、同じ人種のみならず同族の子孫であるかもしれないので、欧州人に
与えている権限を日本に譲与しないことは絶対にないと述べ、同じ東洋人で
あるという意識を明示している。さらに、稲垣が両国のどちらが全権公使を
派遣するべきかと質問したことに対して、テーワウォンは、日本から派遣し
てほしいと回答し、また、タイ政府の代表として交渉の任に当たる人は誰か
という稲垣の質問に対して、テーワウォンは、自分ひとりであると回答して
いる。もしほかに交渉者がいるのであれば、その人の意見を打診しておく必
要があると稲垣は考えていたと思われる。

　稲垣は、テーワウォンとの会談を終えるに当たって、母親の手作りの品物
を贈呈した。テーワウォンは感謝し、夫人制作の品物を稲垣に贈る約束をし
た。両者の会談は、相互の信頼関係を構築し、その後の日タイ両国の友好関
係を進展させる基礎になったと言える。

　稲垣は、タイ滞在中に、テーワウォンとの会談のほかに、前外務大臣、イ

ギリス人の前摂政秘書官ヒックス、デージョー陸軍次官、ベルギー人の政府顧問ロラン・ジャクマン（Gustave Rolin-Jaequemyns）とそれぞれ面談して、タイが日本との通商条約締結に肯定的であるという認識をもつに至った。稲垣は、テーワウォンから条約締結に関して明確な方針を得ていたにもかかわらず、他の主要な人物の意向を確認したということは、それだけ慎重に客観的に事態を把握したいと考えたのではないかと推測される。重要な交渉には必要なことであると思われる。

　稲垣は帰国後、以下の６理由を挙げて速やかに条約を締結するべきであると提唱している。要約すると、

①条約締結に積極的である外務大臣を信頼している国王が病弱であり、その治世は長くないかもしれない、
②ジャクマンが急いで編纂している法律によって領事裁判権獲得交渉が困難になる恐れがある、
③病気の国王が急死すると政権争奪の内乱が起きる可能性がある、その場合、在留外国人の生命財産の保護ができなくなるので、英仏が干渉することは明らかである、日本は事前に敏腕の公使を派遣して、内乱の事態に至ったときタイの独立維持を助けるか、欧州人に利益を独占させずに日本も進んで利益を得るべきである、
④国王全快の際には国王が欧州各国を訪問して、タイの局外中立を宣言する計画が極秘に進められている、東洋の先進者を自任する日本がタイの条約国グループに入っていないのは西洋に対して慙愧の至りであり、国王訪欧前にタイと日本の国位を辱めない条約を締結しておくことは、欧州に対して面目を施すのみならず、日本の国権拡張を示威する好機である、
⑤ 1893 年以来のフランスとの紛争は未だ終了せず、フランスが不正不理の要求をしてもタイを助ける友国はない、タイが孤立している現在、友国として同情を示し条約を結べば感謝される、

⑥タイに殖民のため渡る邦人が出てきたので、条約を締結して、邦人の不
　法を制限すると同時に我が国権を拡張すべきである、

ということである[10]。

　稲垣の議論は、日本も西洋列強と対等の立場に立ってタイと条約を結ぶべ
きであり今はその好機である、という主張であるが、同時にタイのおかれた
苦境にも同じ東洋人として深い同情を示している[11]と言える。

　東邦協会は、1895 年（明治 28 年）11 月に、副島種臣会頭名で伊藤博文
首相 (第二次、1892-1896) 並びに西園寺公望外相（1895 - 1896）宛に、

　　戦勝後我邦カ東洋ニ対シ世界ニ対シ當サニ尽クスヘキノ任務ヲ完フセ
　　ムト要セハ其国際交通ニ於ル利益線ニ対シテ之ヲ経理スルノ必要ナル
　　事ハ言フヲ俟タス。其所謂経理ノ一端トシテ前途其機ニ応シ施行セラ
　　レム事ヲ本会カ望ム所ノ者３ツアリ[12]

という趣旨の建白書を当局に提出した。3 議案の 1 つとして、「日暹両国修
好通商条約訂結ノ議」が提案された[13]。その中で、日清戦争後の現在、主と
して、日タイ両国の修好通商条約の締結を必要とする所以は以下の理由によ
るとして、（1）東洋列国の勢力均衡を維持するため、（2）均整の機関を整
備するため、と述べている。さらに、日本国民のなかにはタイに出稼ぎに行
く者がふえており、あまりよろしくない結果になっている、日タイ両国の好
感情を損なう恐れがあると憂慮している。

　そのために、

　　故ニ宜シク速カニ日暹両国通商條約ヲ結ビ、我公使及ヒ領事ヲシテ暹
　　国都府ニ駐在セシメ以テ一面ハ我在留人民ヲ保護シ、他ノ一面ハ暹国
　　トノ交渉ヲ深密ナラシメ彼国扶翼ノ地歩ヲ予メ堅確ナラシムルベシ。
　　而カモ暹国近年情勢ヲ審察スルニ、其官民共ニ日本ト通商條約訂結ヲ

希望シ居ル事ハ之ヲ昨年本会幹事長（稲垣満次郎、筆者注）ノ彼国視察実験ニ徴シテ明ラカナリ [14]

と日タイ通商条約の速やかな締結を提言している。本議案の末尾に、

日暹通商条約訂結ノ急速ヲ必要スル所以ノ理由大体此クノ如シ其詳カナル理由ハ本会幹事長稲垣満次郎氏ノ意見六ケ条ニアリ。乃チ同氏ノ意見六ケ条並ヒニ暹国外務大臣デーヴーウォングシー親王殿下及ヒ其他当局者ト同氏ト談話ノ筆記共ニ之ヲ別冊ニ具シ、併セテ茲ニ之ヲ高鑒ニ供ス [15]

と記されているが、前述した『南征秘談』に依拠する文書が添付されていたと考えられる。日タイ修好通商航海条約の建議に対する稲垣の影響は大きかったと言える。

　稲垣は、1896 年（明治 29 年）8 月発行の『東邦協会会報』第 25 号に「暹羅と締結すべき修好通商条約の條款」と題する意見書を投稿している [16]。稲垣は、条約の骨子たるべき條款として 11 項目を列挙している。

　第 1、我邦は暹羅国に於て治外法権を享有し、彼は我邦に於て該権を有せざる事。
　第 2、我邦の臣民は欧米諸條約国の居留地及居留地外に於て民住の自由を得る事。
　第 3、欧米諸国と締結せる現條約に於て制限せられたる区域内或は区域外に於て我邦臣民は土地所有権を有する事。
　第 4、我邦臣民は暹羅国に於て其国の法律に違反せざる限りは如何なる工業製造にも従事することを得。
　第 5、我邦臣民は暹羅国何處に於ても鉱山を発見し及び之を発掘するの自由を有する事。

第6、我邦臣民は暹羅国内地各所に於て日本国の貨物を販売し又暹羅国
物産を買収するの自由を有する事。

第7、我邦臣民の輸入貨物に対しては3分以上の税を課せざる事、但し
酒類の課税は別條約を以て之を定む。

第8、我邦臣民は暹国何種の株券を問はず其所有権を得る事。

第9、日本国旗を掲げたる船舶は盤谷府以上にメナム河を遡ぼるを得る
事。

第10、チャンタブン其他1、2の貿易港を開く事。

第11、我邦は最恵国條約均霑の権利を有する事。

そのなかには、6カ条以外に、「第1、日本はタイにおいて治外法権を有し、タイは日本でこれを有しないこと」、「第9、日本国旗を掲げた船舶がバンコクより上流にメナム川を遡ることができること」、「第10、チャンタブンその他1、2の貿易港を開くこと」、という日本側に有利な条件が付加されていた。

稲垣は、1898年（明治31年）9月11日に行われた「日暹条約の精神及條款」と題する東邦協会での講演のなかで、同協会は外交機関の拡張および外交の機敏な活動が必要であるという観点から、会頭の副島伯爵が日タイ条約を締結しなければならないという建白書を当時の当局者へ提出したのである[17]と述べて、形式的に副島会頭を前に出しているが、当該建白書は、実質的に稲垣が作成したものであると考えられる[18]。

第3節　タイ駐劄公使時代

1897年（明治30年）に松方正義首相、大隈重信外相を中心とする内閣は、タイに公使館を開設し、民間人の稲垣満次郎を抜擢して初代公使に任命した。

稲垣は、1897年（明治30年）6月2日に、タイ国王が外遊中のため、皇后に謁見し、信任状を奉呈した。6月19日に大隈外相にその時の状況を

報告している。謁見所前で近衛兵一個中隊が整列し、捧銃の敬礼を行い、軍楽隊が国歌「君が代」を演奏して迎えた。外務大臣の案内で皇后に謁見し、信任状を奉呈した。皇后は握手の礼をもって応じた。謁見室の左右両側には親王各大臣その他文武百官が大礼服で参列しており頗る荘厳な儀式であった。退出の際も捧銃と「君が代」の奏楽で送られた。謁見室の言上で稲垣は、日本の天皇からの言葉を奏上した後、自身がかつてタイを訪問し、交誼を結んだ多くの人と旧情を温める機会を得たことは最大の喜びである旨陳述している。これに対して、皇后は、タイ日両国間の交誼友愛は稲垣のタイ駐劄により益々強固かつ親密になることは疑いないと述べ、稲垣がタイに来遊し多数の朋友を有していることから、日本政府の使命を果たすのは容易であろうと述べている[19]。稲垣の公使としての任務は順調に開始したと言える。

　稲垣は、日本側全権委員として同年6月28日から通商航海条約締結の交渉に入った。問題はタイ側の全権委員であったが、首尾よくテーワウォン1名に決まった。稲垣は、6月28日付の電信第3号で大隈外相に、「当国ニ於テ慣例トスル所ノ数名ノ全権委員ヲ任命スルコトハ談判ヲ煩雑ナラシムルノ虞アリシヲ以テ外務大臣一名丈ノ任命セラルル様百方尽力シ遂ニ目的ヲ果スヲ得タリ[20]」と報告しているが、交渉相手をテーワウォン1名に絞るというのは稲垣の戦略的発想によるものであったことが理解できる。

　稲垣は、同日条約案を手交するに先立ち、テーワウォンに条約案の基本的な考え方を述べている。日タイ両国民は、人種、宗教、風習において相等しく、兄弟国と言うことができる。この得難い関係は、両国民に文明進歩の協働事業を容易ならしめるものである。日本は、タイに対して特別の厚情を有し、日本では、タイの政府、臣民、通商、および航海を欧州諸国と均等の取り扱いをしようと欲している。故に、タイ政府も同様に取り扱われるのは当然のことであろう。「対等双務ナルコトコソ実ニ本条約案ノ真相ト謂フヘシ」と、相互に対等であることを強調している[21]が、実態は異なり、日本優位の関係は明らかで、領事裁判権の問題に関しては、司法制度改革が完了するまで日本はこれを保有するとしている。

条約締結のための交渉は、主として領事裁判権の問題で難航したが、稲垣は粘り強く折衝し、タイ側の譲歩を引き出して、当該案件を本条約とは別の議定書に明記するということで落着した。稲垣とテーワウォンは、日タイ両国のそれぞれの全権委員として、1898年（明治31年）2月25日にバンコクで「日暹修好通商航海条約」に調印した。稲垣とテーワウォンは、長期に亘る困難な交渉を経て条約締結という共通の目的を達成したことにより、相互の信頼関係はより一層強固になったものと考えられる。

稲垣は一時帰国して関係先に条約締結の報告を行った。明治天皇は、「滞りなく大任を了し、満足に思ふ」との勅詞を下賜された。続いて総理大臣官邸に赴き、伊藤博文首相に面談したが、伊藤首相は、日本はつねに大局的に考えて外交方針を定めなければならない、そもそもタイはフランスの勢力範囲である、日本がタイに接近することは、フランスの嫉視を招き、反感を買う恐れがあることを顧慮しなくてはならない、と苦言を呈し、日タイ通商条約の効能を説明しようと意気込んでいた稲垣を失望させた[22]。タイ（＝現地）に立脚して、日本にとって良かれと思考する稲垣と、欧州を意識する日本政府（＝中央）の伊藤首相とでは、明らかに発想の原点が相違していたと言えよう。

伊藤内閣は前内閣の時に各省庁に登用された人材を一掃したことから、稲垣は、自身の去就を心配して、石川安次郎に、自分は暹羅公使を罷めることは何とも思わないが、自分が罷めたならば、政府は必ずタイの公使を廃止し、折角自分が苦心して着手した日タイの親交に傷がつくことを恐れる、そこでどうかこの際民間の世論で、政府を刺激してもらいたいと思う、民間の世論が、日タイ両国の親交の必要性を政府に知らしめてもらいたい、君は図南商会の顧問でタイには特に関係が有るから、両国のためにこれをお願いする[23]と要請した。稲垣は、日タイの親交関係を維持するため、世論を喚起する自身の方策として、文化事業に活路を見出そうとしたものと考えられる。

1900年（明治33年）に、稲垣公使は、仏骨奉迎事業をタイから日本仏教界に勧告した。当該文化事業は、第3章で詳述する。

稲垣公使は、1903年（明治36年）1月12日付の小村寿太郎外務大臣宛機密第2号信「暹国練習生本邦へ派遣ノ件」で、去る1月1日宮中でタイ王妃の誕辰祝賀の宴が開かれた際、タイ皇后から、男女生徒各4名を絵画、縫箔、染織等の習得のため日本に派遣したいので便宜を図ってほしい旨要請を受けたと連絡している[24]。同信の末尾で、本件は、前年11月17日の国王陛下即位記念祭の時に、稲垣から勧奨していたものであると述べている。本件については、第4章で詳述する。また、追伸で、皇后は、イギリスから3、4名の女教師を傭入れて自費で設置した華族女学校（皇后女学校）が前年夏に廃止になったが、日本から女教師を傭聘して再興を図りたい意向であると記している。前者の留学生に関しては、1903年（明治36年）5月に日本で学習を開始している。また、後者の華族女学校（皇后女学校）については、安井哲らが1904年（明治37年）から3年間根気よい努力を重ね、タイにおける女子教育の端緒を開いた。

そのほか、稲垣が公使の時代に、タイの近代化に貢献する事業が行われた。1897年（明治30年）に政尾藤吉がタイに入り、法律顧問として、タイの法典編纂に尽力している。1902年（明治35年）以降、外山亀太郎や横田兵之助らはタイの養蚕技術の向上に貢献している。

稲垣公使は、タイ王室・政府から高く評価されていたと考えられる。

前述したタイ人留学生の日本派遣に関して、1903年3月21日付の外務次官プラヤー・ピパット・ゴーサーから稲垣宛の書簡に、" Owing to Her Majesty's late illness, the selection of these students, I regret to say, has been unavoidably delayed. Her Majesty however commands me to thank you and Mrs. Inagaki for the great interest you both have taken in this matter"[25]（皇后陛下がご病気のため、遺憾ながら学生の選考が遅れております。しかし、皇后陛下は学生留学に多大のご尽力をなされた稲垣ご夫妻に感謝していることを伝えてほしいと私に指示して居ります。）とあるように、王妃は、稲垣公使のみならず夫人にも感謝の意を表している。稲垣夫妻が王妃から好感を持たれていたことが読み取れる。

1922 年(大正 11 年)から 3 年間タイ駐剳全権公使を務めた矢田長之助は、

> 我が初代の公使稲垣東方策士が初めて暹羅に赴任した明治 30 年頃は恰
> かも同王（チュラーロンコーン王）の御代で、稲垣の妻君は所謂明眸
> 皓歯、有名な美人であった處からか非常に同王の御気に入り、従て稲
> 垣公使の宮中に於ける勢力と云ふものは大したもので、列国使臣中其
> 右に出づるものなく、稲垣公使の云ふことは何でも通るといった様な
> 次第で、其頃同王は日本に政府部内の改革を全部委任し、日本人顧問
> も思ふ存分に聘用し、其自由の活躍を許す [26]

ほどであったと述べている。

　また、在タイ日本公使館勤務の経験があり、その後暹羅協会主事を務めた
山口武は、「タイ公使稲垣満次郎夫妻のタイ宮廷内部に対する勤説奔走与っ
て力あったと聞いている [27]」と述べている。

　仏骨奉迎正使大谷光演に随行して通訳として活躍した南條文雄は、その自
叙伝のなかで、「明治 33 年（中略） 6 月 11 日夜、奉迎使一行は、暹国の首
都磐谷に達し、12 日朝上陸せり。（中略）時に稲垣満次郎君は全権公使（マ
マ）として駐剳せられ、其夫人は曾て華族女学校に学ばれし故を以て懇待せ
られき [28]」と記している。

　以上より、稲垣公使及び栄子夫人がいかにタイ王室から好感を持たれ信頼
されていたかを理解することができる。日本の対タイ文化事業は、稲垣公使
の時代に開花したと言える。

第 4 節　ワチラーウット皇太子の来日

　ワチラーウット皇太子（後のラーマ 6 世）は、英国留学を終えて帰国の途次、
1902 年（明治 35 年）12 月 16 日に来日し、翌年 1 月 14 日まで日本に滞

在した。同皇太子の来遊は、日タイ文化関係において、画期的な意義を有するものであった。また、第4章で後述するタイ人学生の日本留学にも影響を与えたと考えられる。本節では、同皇太子の来日の経緯、背景および文化事業に対する影響を究明することを目的とする。

1．ワチラーウット皇太子来日の経緯

　ワチラーウット皇太子来日の発端については、タイ駐箚公使稲垣満次郎が外務大臣加藤高明に送った1900年（明治33年）12月19日付機密第49号信「当国王陛下日本へ御巡遊ノ件ニ付我皇室及政府ノ意嚮問合ノ件」のなかに見出すことができる。稲垣公使は、同年12月13日にタイ内務大臣ダムロン親王と会見した時、ダムロン親王が、1901年（明治34年）にタイ皇太子が学業を修了し帰国の予定なので、英国からの帰途に米国を経て日本に立ち寄られるよう、自分から直接国王に進言する心積もりであると述べたことを報告している[29]。

　稲垣公使は、外務大臣小村寿太郎宛の1901年（明治34年）11月5日付機密第43号信「暹国皇太子殿下英国ヨリ御帰暹ノ途次本邦へ御立寄ノ件」で、皇太子が翌1902年（明治35年）8月から10月までの間に日本に立寄る予定である旨タイ外務大臣から内報があったと報告している[30]。時期は未確定であるが、来日が決定したことを述べている。これに基づき小村外務大臣は、田中宮内大臣宛に、1901年（明治34年）12月3日付機密送第4号信「暹国皇太子殿下本邦へ来遊ノ件」で、稲垣公使からの書簡内容を通知している。

　稲垣公使は、小村外務大臣宛の1902年（明治35年）2月5日付機密第4号信「暹国皇太子殿下英国ヨリ御帰暹ノ途次本邦へ御立寄ノ件」で、タイの宮中儀式に参内した時に国王ラーマ5世から次のような意味の勅語があったと報告している[31]。すなわち、国王自らが皇太子を本年英国より帰還の途次日本へ立ち寄らせることに決めた。日本は、欧米文明の粋を吸収して今日

の隆盛に至っていることは、自分が羨望するところである。王子等に日本が欧米の文明を咀嚼して国情に順応させるよう巧みにこれを採択している実況を観察させることは、祖国のために最大の利益であると思考するので、現皇太子のみならず今後欧州に遊学させる諸王子等にもまた皆その帰途に日本に観光させる方針をとる、ということである。

国王ラーマ5世が皇太子をはじめ王子等に日本の実情を視察させるというこの方針は、それまでの国王の人材育成施策からみると画期的なものであった。国王は、欧米の政治的、経済的、社会的諸制度を参考にしてタイの近代化を推進してきた。国王は、「近代化推進の指導的立場に立つ人材を養成するため[32]」に、王子等を西欧諸国に留学させてきた。従来の方針に比して、王子等に日本を視察させるという方針を付加したことになる。

小村外務大臣は、稲垣公使からの機密第4号信に基づき、桂内閣総理大臣宛に同年3月15日付機密送第42号信「暹国皇太子殿下英国ヨリ御帰国ノ途次本邦へ御立寄義ニ付報奏方ノ件」で、皇太子の来日を上奏したいので取り計らい願う旨要請している。また、同様の書簡を、同年3月19日付で、田中宮内大臣および斎藤桃太郎東宮大夫に送付している[33]。

稲垣公使は、小村外務大臣宛の同年5月12日付機密第14号信「暹国皇太子殿下御来朝ニ関スル件」で、タイ外務大臣から、①日本立寄りの時期について、10月頃にできるようロンドンの出発予定を検討する、②今回は国王の特命により日本の皇室に特に敬意を表される内意であり、ロンドン出発以降は皇太子の資格で旅行することに決定した、と回答があった旨報告している。小村外務大臣は、桂総理大臣に上奏案の取り扱いを依頼するとともに、田中宮内大臣、斎藤東宮大夫に当該書簡写を送付している[34]。

皇太子は、英国出発後墺国に立寄っている。在墺特命全権公使牧野伸顕は、外務大臣男爵小村寿太郎宛の1902年(明治35年)5月3日付公第41号信「暹羅皇太子来墺ノ件」で、墺国皇帝以下政府の歓待ぶりを次のように伝えている[35]。すなわち、

①タイのワチラーウット皇太子は、4月25日の朝ウィーンに到着したが、墺国皇帝は、各皇族及び諸顕官を従えて駅に出迎えた。また、儀仗兵一隊を付けた。

②同日夕に、タイ皇太子は、駐墺タイ公使及び随行員を従えて、墺国皇帝主催の宴席に出席した。

③翌26日には、例年の春季観兵式に臨み、墺国皇帝及び内外の各将校と共に軍隊の間を馳駆して一般の注目を惹いた。

④同日夕は墺国皇太子の宴席に出席し、28日夕には、ルードイッヒ・ヴィクトル親王殿下の饗応を受けた。

⑤そのほか、ウィーンの各所を見物した。

⑥29日午前当地を出発してハンガリーのブタペストに向かったが、その際、墺国皇帝は、再び駅でタイ皇太子を見送った。

⑦以上のように、ワチラーウット皇太子のウィーン滞在中、墺国皇室の待遇は頗る優渥なものであった。

⑧外務省で聞いたが、タイ皇太子の来遊は、墺国皇帝陛下への敬意表彰の目的であって、政治上の目的は含まれていない。

と述べている。

　小村外務大臣は、同年6月11日に、桂内閣総理大臣宛、田中宮内大臣宛、及び斎藤東宮大臣宛にそれぞれ公第41号写を送付している。

　駐タイ稲垣公使は、小村外務大臣宛の1902年（明治35年）6月24日付公第39号信「暹国皇太子殿下欧州御巡遊ノ際墺国ニ於ケル接待振報告書進達ノ件」で、ワチラーウット皇太子が墺国訪問の際に同国皇室及び政府の接待状況に関する英文の報告書とともに、欧州各国の君主からタイ皇太子に贈呈された勲章表1葉を送付している[36]。

　日本政府がワチラーウット皇太子をどのように接待するか企画する上で、牧野公使及び稲垣公使からの情報は参考になったものと考えられる。同年12月8日に宮内大臣子爵田中光顕は、外務大臣男爵小村寿太郎宛に、ワチ

ラーウット皇太子が 12 月 2 日にカナダ郵船のエンプレス・オブ・チャイナ号でバンクーバーを出港し、12 月 15 日頃横浜来着の予定であるので、「暹羅国皇太子殿下接待次第」及び「横浜其他諸港及内地遊覧中接待振」を作成したと通知している。これらの「接待次第」は、内容が一部修正され、12 月 9 日に再度宮内省式部長三宮義胤から外務大臣秘書官吉田要作宛送付された。この「接待次第」には、関係者の行動基準・手順ともいうべき 20 箇条と別紙に皇室関係の行事予定が記されてあった。皇太子を皇室の貴賓として接遇するという日本側の準備は整ったのである。

2．国王ラーマ 5 世の日本訪問問題

駐タイ公使稲垣満次郎は、タイ国王が日本を訪問する機会を得られるように日本側に種々画策した。稲垣公使は、外務大臣加藤高明宛の 1900 年（明治 33 年）12 月 19 日付機密第 49 号信「当国王陛下日本へ御巡遊ノ件ニ付我皇室及政府ノ意嚮問合ノ件」において、時期は未定であるが、タイ国王が日本を訪問し、天皇と懇親を図りたい意向であるので、日本の皇室および政府の意向について何らかの訓示がほしい、と要請している。本書簡は、日本（＝中央）とタイ（＝現地）の意識の差が明らかになる当該問題の出発点になっていると考えられる。要約すると、

① 内務大臣ダムロン親王殿下と会談した。ダムロン殿下は、タイとして自国自立の点で東洋の盟兄国日本に見習うことは不可欠であると認識しているので、タイ国王が以前からのお考えどおり日本に巡遊の上、天皇陛下と懇親を深められるならば、両国のため最も幸せなことであるが、日本の皇室や政府の意向はいかがであろうか。勿論未だ確定したことではないが、問合せしてほしい。

② 明年（明治 34 年）にタイ皇太子殿下が学業を修了し帰国する予定なので、英国よりの帰途米国を経て日本に立寄られるよう自分から直接国王にお

勧めする心積りである。

③そもそもタイ国王が本邦へ巡遊されるとお考えになられるのは、一朝一夕の事ではなく、先般欧州巡遊よりのご帰国の翌年、稲垣は日本政府からの帰国命令により暇乞いのため参内の折、国王から「未だ期日は確定しづらいが必ず日本へ巡遊し、天皇陛下と懇親をはかりたいと伝えてほしい」と勅語があった。（先般、本件に関して、徳大寺侍従長から天皇に奏上してもらっている）

④今年1月日本の皇后陛下からタイ王妃への親書を捧呈するため王妃に謁見の際に王妃は、国王が日本へ巡遊のときは同行するのを楽しみにしている、と述べられた。

⑤之が実現されるならば、両国間の相互の意思疎通がはかれるばかりでなく、日タイ間の外交上の万般が好結果を来たすであろう。

⑥欧州の文明を受け入れて応用した日本の状態を観察して来てタイに適用する方が良いと早くからタイの有識者は認めている。タイのような専制国の制度を改革し、その独立の基礎を強固にしようとするにはまず君主がその必要性と事理を認識することが必要である。国王が日本巡遊によりタイに好結果をもたらすのは信じて疑わないところである。

⑦国王と王妃が日本に巡遊するのは殆ど確実で、時期の問題になっている。至急皇室のご都合及び政府の意向を訓示願う[37]、

と要請している。

これに対して、加藤外務大臣は、1901年（明治34年）1月16日付機密送第2号信で、以下のように回訓している。

　　本件ノ起因タル暹羅国内務大臣ノ談話中ニハ御巡遊ノ義ハ未タ確定シタル次第ニ無之ト相見エ候ニ付此際直ニ皇室ノ御都合ヲ伺ヒ奉リ兼候且又目下御巡遊アラセラルルカ如キハ啻ニ我国ニ何等ノ利益ナキノミニアラズ徒ラニ外間ノ注意ヲ惹キ却テ或ハ好マシカラザル結果ヲ生ズ

ルヤノ慮アルニ由リ今ハ其時機ニ非ズト存候間貴官ヨリ御巡遊ヲ慫慂
セラルルカ如キコトナキハ勿論寧ロ之ヲ勧止セラルル様致度候尤モ暹
羅国皇太子殿下英国ヨリノ御帰途ニ本邦ヘ御立寄アラセラルルカ如キ
ハ何等差支無之候得ドモ是又当方ヨリ慫慂スヘキ事ニハ無之候　此段
及回訓候也 [38]

　日本外務省は、国王の巡遊は未だ確定したものではないので、皇室の都合
をきくわけにいかないし、また、巡遊は日本に何等の利益もないのみならず、
いたずらに諸外国の関心を引きかえって良くない結果を生ずるおそれがある
という理由で、稲垣公使に対して、国王の巡遊を慫慂することのないように、
むしろ止めさせるようにしてほしいと要請している。また、タイ皇太子が英
国からの帰途に日本に立寄る件は差支えないが、これも慫慂するべきことで
はないと述べている。さらに、加藤外務大臣は、1月18日付機密送第3号
信で、

　　本月17日本大臣参内致候ニ付其序ヲ以テ本件ニ関シ内々聖旨ノ御思召
　　奉伺候処陛下ニ於カセラレテモ目今暹羅国国王御来遊ノ義ハ御望アラ
　　セラレザル旨仰出サレ前顕機密信ヲ以テ申進タル本大臣意見ノ旨意御
　　認メサセラレ候間貴官ニ於テモ右御含ノ上可然御措置相成候様致度此
　　段再度及回訓候也 [39]

と、本件について天皇もタイ国王の来遊をお望みでないので、しかるべく措
置してほしいと回訓している。外務大臣の書簡から、当時の日本政府は外交
上それほどタイを重視していないことが読み取れる。列強の仲間入りを果た
し、その緊張関係のなかで日本の利益を追求している日本政府（＝中央）と、
タイ王室の満足を通じて日本に利益をもたらそうと企図するタイ駐劄公使稲
垣満次郎（＝現地）とでは、それぞれの問題意識に相違があるのは当然であっ
たと言えよう。

第2章　稲垣満次郎とタイ　77

　稲垣公使は、加藤外務大臣宛に 1901 年（明治 34 年）3 月 2 日付機密第
6 号信「暹国王陛下日本へ御巡遊ニ関スル件」のなかで、タイ国王が義和団
事変の解決後でなければ日本巡遊を行わない旨タイ外務大臣から話があった
と報告している [40]。タイ側が日本政府の意向を察知して上手に断りを入れて
きたと考えられる。

　稲垣公使は、外務大臣小村寿太郎宛の 1902 年（明治 35 年）2 月 12 日
付機密第 5 号信「暹国皇帝陛下本邦へ御来遊内意問合セノ件」で、日本政
府がタイ国王の来遊を勧誘する方がよいと意見具申している。要約すると、

①本件については、駐英タイ公使が駐英公使林董に、タイ皇太子の日本立
　寄りに際し、国王が日本まで出迎えることになれば大変好都合であろう
　と語ったことに対して、林公使が賛同し、これを日本の外務大臣に照会
　するに至ったという顛末が判明した、

②国王は、1897 年（明治 30 年）12 月に欧州各国歴訪を終えて帰国後、
　諸親王及び諸官僚に対して、欧州の視察は今日で終わったが、日本及
　び米国はまだ観ていないので機会到来次第両国を訪問するとの勅語があ
　り、爾来日本訪問のご希望を念頭に置かれているが、時期については確
　定していないとタイ外務大臣から回答があった、

③今般タイ外務大臣と会談した時の先方の話しぶりから推察すると、タイ
　政府側は、日本政府の意向が不明で、タイからの申し出が不首尾の結果
　になる場合に国交上好ましくない感情を惹起する恐れがあるのではない
　かと躊躇しているように見受けられる、

④駐タイ米国公使の内密な話として、米国大統領がタイ国王を招待すると
　いうことが検討されているとのことであるが、これが実現した場合、タ
　イ国王は、米国訪問の序に日本に立ち寄られることになってしまう、

⑤本来、タイ国王が日本を訪問するというのは、日本をタイの盟兄国と見
　て日本を信頼し、自国独立の基礎を強固にするために、ひとつには、日
　本の天皇と親交を深めること、もうひとつには、西洋文明採択の結果と

して今日の隆盛を来たしたる日本の制度や文物を直接視察すること、を考えておられるので、単に米国訪問途次の立寄りということでは国王の本来のお考えに反することになる、

⑥従って、直言すれば、本年皇太子の日本立寄りを好機とし、むしろ日本政府が自ら進んで国王の来遊を勧誘するよう計画することが最上の策であると信じている[41]、

というものである。稲垣公使は、タイ皇太子の日本立寄りが決定しているので、国王が出迎えを兼ねて、日本を視察するように、日本政府が申し入れる方がよいと外務大臣に具申している[42]。

稲垣公使の意見具申に対して、小村外務大臣は、1902年（明治35年）3月14日付機密送第5号信「暹国皇帝陛下本邦へ御来遊ニ関スル報告及意見ニ対スル回答」で、国王が本年10月頃に日本に来訪なさるお考えならば、皇室にもこれを受けていただくよう奏請するが、当方より進んで国王のご来遊を勧誘することもないと考えるので、そのように承知願う[43]と回答している。タイ国王の皇太子出迎えを兼ねた日本訪問を企図した稲垣の再三に亘る意見具申にもかかわらず、日本政府は、欧米重視の政策を堅持し、タイに対して不即不離の態度を貫き、外国の国家元首の来訪という画期的な機会を逸したのである。日タイ関係が外交政治面で親密化が進展しなかった大きな要因は、日本政府の外交方針にあったと言うことができる。

なお、タイ国王の日本来遊に関する新事実が判明した。上述した来遊問題より4年も前の1896年4月初めに、国王が日本訪問の意向を示されたという記録が、タイ国立公文書館（ＮＡＴ）所蔵の「ジャクメン[44]・シャム政府総顧問」関係文書において発見されたと、村嶋英治は、「日本人タイ研究者第一号　岩本千綱ⅩⅩⅩⅥ」で述べている[45]。村嶋は、「1896年4月に5世王が訪日を意図された事実は、筆者（＝村嶋）が知る限り従来出版された如何なる文献にも記されていない。[46]」と述べている。5世王の訪日は実現しなかったが、それは、夏の訪日は、帰路が台風シーズンにあたり海が荒れ

るので、1987年3月か4月まで延期する方が良いという「ジャクメン」のアドバイス[47]により、5世王の訪日は延期され、実現の機会が失われた。「もしこの時に、実現していたならば、その後の日タイ関係にも少なからず好影響を与えて、親密な日タイ関係の出発点として、教育あるタイ人なら知らない人はいないほどの有名な史実となっていたことであろう。[48]」と村嶋は述べている。今後の研究に可能性を与える新事実の発見であると考える。

3. 皇太子奉迎使の来日

　ワチラーウット皇太子奉迎のため、国王侍従長兼文部次官プラヤー・ウィスットスリヤサクを長とする一行が派遣されることになり、彼等は1902年11月19日に巡洋艦マハチャクリ号でバンコクを出帆した。プラヤー・ウィスットスリヤサク[49]は、1893年にイギリスへ留学するワチラーウット皇太子に同行し教育を主として生活の全般を監督する後見人に選ばれた人物で、国王ラーマ5世から深い信頼を得ていた。その彼が今度は皇太子を日本まで出迎える役目を仰せつかったのである。

　駐タイ公使稲垣満次郎は、外務大臣男爵小村寿太郎宛の1902年（明治35年）11月16日付公信第85号「本邦教育制度取調ニ付便宜与ヘラレ度キ件」で、侍従長プラヤー・ウィスットスリヤサクは、文部次官を兼ねており、今回渡航の序に日本の教育制度調査の命を受けたため、視学官ルアン・パイサンシルサトラ（ルアン・パイサーンシンラパサート＝後の文部大臣：筆者注）並びに文部省係官を随行させるので、本邦当該諸官より相当の便宜を得たい旨11月15日に日本公使館に来訪の上依頼があったと述べ、然るべく取り計らい願うと要請している。さらに稲垣公使は、同書簡末尾で、プラヤー・ウィスットスリヤサクがロンドン駐劄タイ国特命全権公使であったとき、欧州における教育制度を調査した経歴があるので参考までに申し添えると述べている[50]。

　小村外務大臣は、菊池文部大臣宛の同年12月8日発遣の送第169号で、

稲垣公使からの書簡公信第 85 号写を添付して「可然御取計有之候様致度」
と要請している。

　同年 12 月 8 日にマハチャクリ号は横浜に到着した。

　同 12 月 11 日付の朝日新聞第 1 面には、「暹国文部次官と我学制」とい
う見出しで、タイ文部次官が 10 日に文部省に赴き本邦学制について種々聴
取した、また 11 日から市内（現都内）の各学校を参観し、学制を調査する
とのことで、名義は同国皇太子奉迎のためというが実際は、本邦学制調査の
任を帯びて来日したと報じている。タイ文部次官及び文部省係官は、1903
年（明治 36 年）1 月 6 日に大阪市内の各学校を視察している [51]。また、『教
育時論』第 639 号では、タイ文部次官が日本の教育事業を視察し、日本の
教育が進歩しているのに驚嘆したと報じている [52]。文部次官プラヤー・ウィ
スットスリヤサクは日本の教育事情調査結果とタイ国の現状を踏まえたうえ
で、より改善された教育制度を練りあげた [53]。

　文部次官プラヤー・ウィスットスリヤサク及び文部省係官による日本の教
育事情調査は、日本・タイ教育交流の嚆矢と言えるが、ワチラーウット皇太
子の来日が契機となって実現したものであることを考えると、同皇太子の来
日は、日本・タイ両国間文化事業に大きな影響を与えたと言うことができる。

4. 皇太子日本滞在状況

　ワチラーウット皇太子の来日が迫った 1902 年（明治 35 年）12 月 15 日
付の朝日新聞は、「暹羅皇太子御来遊」という見出しで、次のように好意的
に報じ、読者をして皇太子に対する親近感を抱かせる役割を果たした。

　　殿下の風丰は眉目清秀にして体躯能く均斉し、英語を操る頗る巧にし
　　て毫も外観を衒はせられざるも品位自ら高尚に渡らせらるるとぞ。殿
　　下外国に在ること正に 9 年、今や学成り欧米各国を経て帰朝の途我国
　　に来遊せらる殿下の聡明に渡らせらるる事は夙に内外の認識する所に

第 2 章　稲垣満次郎とタイ　**81**

して一人として同国将来の進歩に就て大に殿下に望みを属せざるもの
なし。奉迎の為めに来れる同国軍艦の事は曩に詳報せり。與に倶に大
に歓迎すべし。

翌 12 月 16 日付の朝日新聞は、「暹羅皇太子殿下」という見出しで、

暹羅皇太子殿下は本日を以て入京せられんとす。吾国は宜しく近来の
大賓として歓迎し奉るべし。（中略）今や暹羅皇太子殿下の世界周遊の
途次、特に吾国に立寄らせらるるに会す。吾人焉んぞ熱誠を以て歓迎
し奉らざるを得んや。若し当時の露国皇太子殿下を以て吾国に於ける
第一の貴賓とするを得ば、暹羅皇太子殿下は則ち第二の貴賓たり。吾
皇室は特に礼を厚うして殿下を待たるるは偶然にあらざるなり。日暹
の関係が近年著しく親密になりたるは最も喜ぶべし。

と報じ、タイ皇太子の来日を、ロシア皇太子に続く第二の貴賓であり、日タ
イの関係が近年著しく親密になったのは最も喜ぶべきであると歓迎してい
る。また、

今や亜細亜に於て独立の体面を維持するもの、北に日清韓の 3 国あり、
南に暹羅の 1 国あり。其宜しく相提携して東洋の平和と幸福を進めん
ことを図るべきは必ずしも吾人の言を俟たず。然るに日暹の関係は近
年著しく親密となりたりとは言へ、未だ日清又は日韓の交際の親密な
るには若かざるなり。而して暹羅皇太子殿下の今回の御来遊は則ち両
国の交際上に生面を開くの好機会たり。

と報じ、アジアの独立国は、日本、中国、韓国、タイの 4 カ国で、日タイ関係は、
日中、日韓ほど親密ではない。皇太子の来日は、日タイ両国の親交に新生面
を開く好機会であると評価している。

欧州に比すれば後進国たる吾国は此点に於て特に殿下の注意を惹き奉るもの甚だ多からざるを遺憾とせざるを得ず。然れども殿下の聡明にして特に史学を好ませらるる、必ずや吾国が40年来善く緩急軽重を計りて欧米の文物制度を採用し、而して巧に之を吾国の性格に融和適応せしめ遂に渾然として東西文明の精華を萃め以て世界に重きをなすに至りし所以の史的経過を看取せられて聊か満足せらるる所あるべきを信ず。

　欧州にくらべれば、皇太子が興味を持つものは少ないが、40年来欧米の文物制度を採用し、巧みにこれを日本の性格に融和適応させ、渾然として東西文明の精華を集め、世界に重きをなすに至った史的経過を看取されて満足されるところがあると信じている、と皇太子の日本見学に成果があることを期待している。このように新聞記事は、ワチラーウット皇太子の来日について、日タイ両国の親交上新生面を開く好機であると歓迎している。
　ワチラーウット皇太子は、1902年（明治35年）12月16日に横浜港に到着した。
　翌17日の朝日新聞は、「暹羅皇太子入京」という見出しで、次のように報じている。すなわち、皇太子が乗船しているチャイナ号は昨日午後2時横浜港に着。殿下は午後3時40分出迎えの汽艇に迎えられて下船された。同港碇泊の我が出迎い軍艦鎮遠、扶桑、朧、漣を始めタイ及び露米両国の軍艦、仏国を除くほかの各国商船は皆満艦飾をなし、軍艦よりは一斉に21発の皇礼砲を発した。同4時に殿下は一旦タイ軍艦にご乗艦、この時また21発の皇礼砲を発した。殿下は同艦において陸軍中尉の制服に着替えられた。同4時15分三宮式部長その他の案内でご上陸海岸の宮内省御用邸にご休憩、同邸で主要な出迎い人を引見された。4時25分横浜駅に御着、同38分に別仕立ての汽車でご上京、同5時20分新橋御着。小松、伏見両宮殿下を始め、珍田外務総務長官その他の出迎いを受けられ、芝離宮に入られた。横浜及び

第 2 章　稲垣満次郎とタイ　**83**

新橋では、名古屋の菩提会各宗管長、同代表者その他各宗僧侶信徒等仏徒数百名が出迎えた。

神奈川県知事周布公平は、外務大臣男爵小村寿太郎宛の同年 12 月 18 日付警 1 発第 700 号信「暹羅国皇太子殿下御着港及御上陸当時ノ状況報告」において、皇太子の到着時の状況を報告している[54] が、前述の朝日新聞記事と概略同様である。

12 月 17 日に皇太子は、午前中渋谷の騎兵実施学校並びに獣医学校を訪問した。午後 5 時 30 分に芝離宮を出発し、近衛騎兵 1 小隊の儀仗で参内した。皇居鳳凰の間で両陛下にご対面の上、豊明殿で会食に臨んだ。伏見宮、梨本宮、同妃、華頂宮、同妃の各殿下も出席し、暹羅公使並びに公使館員、皇太子の随員、奉迎員、司令官、艦長及び徳大寺侍従長、小村、寺内、山本、田中各大臣、高倉典侍、姉小路権典侍、北島権掌侍その他宮内官等が陪食に臨んだ。夜 8 時過ぎに芝離宮に帰館し、花火を観賞した。

翌 18 日午前には、天皇陛下が芝離宮へ行幸し、皇太子を訪問した。皇太子は、玄関階段の中央で奉迎され、左側の正殿においてご対面になった。天皇陛下は、皇太子へ大勲位菊花大綬章を贈進され、種々お話の後、11 時 20 分に還幸された。皇太子は、午後、各皇族方並びに桂、田中、小村 3 大臣を訪問した。

19 日には、オーストリア公使主催の午餐会に出席した。随員のほか、伏見宮殿下及び小村、田中両大臣、三宮、戸田等の接伴員も招待された。夜は 7 時 30 分より芝離宮で晩餐会を開いた。貞愛親王、依仁親王、菊麿王、守正王各殿下をはじめ徳大寺内大臣、田中宮相、菊池文相、岩倉侍従職幹事、岡澤侍従武官長、香川皇后宮大夫、花房宮内次官、渡邊内蔵頭、三宮式部長、接伴員戸田式部次長、山内、渡邊両式部官、宇佐川少将、斎藤大佐ほか宮内官 40 余名が招待された。

12 月 21 日付朝日新聞は、「暹羅皇太子御滞京彙報」という見出しで、皇太子の滞在状況について報じているが、その中に「御親電」という小見出しで、皇太子が日本滞在中に、日本皇室から懇篤な待遇を受けたことやさらに

は大勲位菊花大綬章を贈与されたことに対して厚く感謝している旨、タイ国チュラーロンコーン王からお礼のご親電が 20 日朝に宮内省に到着し、天皇陛下より午後 3 時に答電を発信したと報じている。

この記事から、日本滞在中の皇太子一行は、電報で本国に状況報告していたことが読み取れる。電報で状況報告をしていたことは、稲垣公使が小村外務大臣に送った 1903 年（明治 36 年）1 月 2 日発の第 1 号電報[55]からも明白である。1 月 1 日のタイ皇后ご誕辰の祝宴において、国王、皇后両陛下は、日本滞在中の皇太子に対する日本皇室の優遇に関し、皇太子からの電報に接しられたと見え、稲垣公使に真心のこもった感謝の意を表されたということである。小村外務大臣は、田中宮内大臣宛の同年 1 月 4 日付送第 3 号信で稲垣公使からの電報内容を通知し、執奏を要請している。

新聞は、ワチラーウット皇太子が日本を出発し帰国の途につくまで連日、同皇太子の状況を報じている。皇太子は、日光、鎌倉・江の島、京都、奈良などの観光地を遊覧し、仏教寺院を訪問するなどして見聞を広めるとともに、相撲、鴨狩、歌舞伎などを観賞して日本文化の理解に努められた。さらに、1902 年（明治 35 年）12 月 30 日に、名古屋市内の萬松寺で、チュラーロンコーン国王が日本の仏教界に贈与した仏骨[56]の拝瞻式に参列され、日タイ関係の親密化に貢献された。

ワチラーウット皇太子は、1903 年（明治 36 年）1 月 14 日に長崎からマハチャクリー号で香港に向け出発し帰国の途についた。

駐タイ稲垣公使は、小村外務大臣宛の同年 1 月 30 日付公信第 10 号「暹国皇太子殿下御帰着ノ件」で、次のとおり報告している。すなわち、昨 29 日電信第 3 号で通報したとおり、タイ国皇太子殿下は同日無事着船された。当国国王陛下は特に艦上迄出迎えられ、午前 10 時 30 分ご帰城された。殿下は翌 30 日午後 4 時 15 分サランロム宮殿で列国使官と会見された。その際稲垣公使は主席公使として当国駐劄公使及び領事を代表して、奉迎の祝辞を述べた。皇太子は列席者に対する謝辞と今後の各国との友好関係の深化に対する期待を述べた後に、稲垣に対して、日本に来遊するのが遅かったのは

遺憾である、極寒の季節でなければより長く滞在できたであろう、しかし、日本国天皇陛下の優渥なるご接遇は最も心に残るものであり、また、至る所で歓迎を受けたことは光栄の至りであると語られた[57]。

　稲垣公使の小村外務大臣宛公信第 10 号から、①ワチラーウット皇太子が日本に対して好印象を持ったこと、②稲垣公使がタイ王室から高く評価されていること、③そのことを稲垣公使自身が感じ取っていること、が読み取れる。また、皇太子の日本滞在報告は、日本への留学生派遣に関する皇后の意思決定に一定の影響を与えたことが考えられる。

　ワチラーウット皇太子の来日は、外交的にも文化的にも、日タイ関係の親密化に一定の貢献があったと言える。同皇太子は、国賓として、明治天皇をはじめ皇室から、優渥なる待遇を受け、大勲位菊花大綬章を贈進された。国王ラーマ 5 世の来日は実現しなかったが、皇太子が優遇されたことに対する国王の天皇へのお礼電報及び天皇からの答電は、日タイ 間の精神的距離を短縮化したものと考えられる。皇太子は、会食や訪問などの機会を活用して、日本政府の関係各大臣とも親交を深めた。

　文化関係親密化の貢献として、皇太子の各地訪問により、日本国民にタイの知名度を高めたことが考えられる。また、皇太子奉迎のため来日したタイ文部次官及び文部省係官が日本文部省から日本の教育制度等を聴取し、日本の学校を訪問して現状を調査したことは、日タイ教育関係の緊密化に有効に作用したが、ワチラーウット皇太子の来日があってこそ実現できたと言うことができる。

小結

　稲垣満次郎は、1894 年（明治 27 年） 4 月に、通商条約締結と公使館設置の可能性を探るため、初めてタイを訪問した。タイの外務大臣テーワウォン親王は、稲垣と初対面の会談にも拘わらず、稲垣に対して、邦人の居住の

自由と土地所有権を認める発言をするなど、条約締結に前向きの姿勢を示した。東邦協会は稲垣の報告を基に、副島種臣会頭名で、伊藤博文首相並びに西園寺公望外相宛に日タイ修好通商条約の速やかなる締結を提案している。

稲垣満次郎は、1897年（明治30年）に駐タイ初代公使としてタイに赴任した。最大の任務は、日タイ修好通商航海条約の締結交渉であった。タイ側全権委員は、3年前に友好関係を築いたテーワウォン外相であった。条約締結のための交渉は、主として領事裁判権の問題で難航したが、稲垣公使の粘り強い折衝により、日本側にとって満足のいく内容で決着した。

1898年（明治31年）2月25日にバンコクで「日暹修好通商航海條約」が調印された。稲垣公使とテーワウォン外相は、長期に亘る困難な交渉を経て条約締結という共通の目的を達成したことにより、相互の信頼関係はより一層強固になったものと考えられる。この友好関係は、稲垣公使の対タイ文化事業について好結果をもたらすことになった。

稲垣公使は、一時帰国して関係先に条約締結の報告を行ったが、伊藤博文首相から、日本、タイ間の接近はフランスの反感を招く恐れがあると苦言を呈せられた。しかし、稲垣公使は、タイ王室・政府からは高く評価されていた。日タイの親交関係を維持するために、稲垣公使は、日本の世論を喚起する方策として文化事業に活路を見出そうとしたと考えられる。

稲垣満次郎がタイ駐劄公使時代に、ワチラーウット皇太子が英国留学を終えて帰国の途次、日本へ立寄ることになった。その機会をとらえて、稲垣公使は、タイ国王の日本巡遊を働きかけ、日本政府に意見具申した。しかし、日本側は、タイ国王の来日は時期が確定していないということと日本に利益がないということを理由に、否定的な対応であった。結局、国家元首の来遊という画期的な機会を逸することになった。タイ側（＝現地）と日本側（＝中央）の意識の相違が如実に表れた事案であった。

一方、皇太子の来日は、日タイ関係の親密化に貢献した。皇太子の各地訪問により、日本国民にタイの知名度を高めたことが考えられる。また、皇太子奉迎のために来日したタイ文部次官及び文部省係官が日本文部省から日本

の教育制度を聴取し、日本の学校を訪問して現状を調査したことは、タイの教育改革に影響を与えた。これは、日タイ教育交流の嚆矢と言えるものであったが、ワチラーウット皇太子の来日が契機となって実現したものであると言うことができる。

注

1　『東邦協会報告　第1』1891年5月31日、1‐4頁。

2　同上書、5‐6頁。

3　『東邦協会報告　第34』1894年3月22日、31‐60頁。

4　『東邦協会会報』第15号、1895年10月。90頁。

5　『東邦協会会報』第18号、1896年1月、3‐6頁。

6　『東邦協会会報』第33号、1897年4月、90‐93頁。

7　大隈文書A770

8　『南征秘談』、大隈文書A770。

9　吉川利治「『アジア主義』者のタイ国進出—明治中期の一局面—」『東南アジア研究』16巻1号、1978年6月、82頁。

10　村嶋英治『ピブーン——独立タイ王国の立憲革命』岩波書店、1996年、48‐49頁。

11　同上書、49頁。

12　『東邦協会会報』第16号、1895年11月、1頁。

13　他の2議案は、「東方問題関係各国各地修好通商條約訂結ノ議」および「呂宋島マニラ府領事館再設ノ議」である。

14　前掲『東邦協会会報』第16号。5頁。

15　同上書、6頁。

16　『東邦協会会報』第25号、1896年8月、1－3頁。

17　『東邦協会会報』第50号、1898年9月、107頁。

18　1914年3月14日に築地精養軒で行われた東邦協会主催の追悼会で、男爵肝付兼行は稲垣を追悼して、「東邦協会より政府に建議になったことがありますが、何れも同君の発案に係るもので（中略）1箇条は確に暹羅を交際国にするを利なりとするの建白であった」と述べている。『東邦協会会報』第217号、1914年4月、34頁参照。

19　国立公文書館史料2A-013-012「暹羅国駐劄弁理公使稲垣満次郎同国摂政皇后陛下ニ謁見御信任状捧呈ノ件」。

20 外務省記録 2-5-1-0-17「日暹修好通商航海条約締結一件」。

21 同上書。

22 石川半山「友人阿川鐵膽」石川安次郎編『鐵膽阿川太良』平井茂一、1910年、32頁。

23 同上書、34頁。

24 外務省記録 3-10-5-0-4-1「各国ヨリ本邦ヘノ留学生関係雑件　暹国ノ部」。

25 同上書。なお、本書簡では、引き続いて、"and at the same time to ask you to be so good as to express Her Majesty's full appreciation in the message sent by His Excellency the Baron Komura." と、外務大臣小村寿太郎に感謝する旨記されている。

26 暹羅協会『暹羅協会会報』第9号（日暹修好50周年記念特輯号）、1937年12月、77頁。

27 山口武「留日タイ国学生に就て」『日本タイ協会会報』第16号、1939年9月、72頁。なお、1939年6月24日のタイの国名改称に伴い、『暹羅協会会報』も、第16号より『日本タイ協会会報』に改称された。

28 南條文雄『南條文雄自叙伝』沈石山房、1924年、63－64頁。

29 外務省記録 6-4-4-0-1-8「外国貴賓ノ来朝関係雑件　暹国ノ部」。

30 同上書。

31 同上書。

32 赤木攻「タイ国の近代化過程における海外留学─絶対王政との関連において─」、前掲『国立教育研究所紀要　第94集』所収、219頁。

33 外務省記録前掲 6-4-4-0-1-8。

34 同上書。

35 同上書。

36 同上書。

37 同上書。

38 同上書。

39 同上書。

40 同上書。

41 同上書。

42 同上書。

43 同上書。

44 本稿で、筆者は「ジャクマン」と記している。

45 タイ国日本人会月刊誌『クルンテープ』2014年9月号、13頁。

46 同上書、13頁。

47 同上書、14頁。

48 同上書、13 頁。

49 プラヤー・ウィスットスリヤサク（1867 − 1917）本名はピヤ・マーラークン。後のチャオプラヤー・プラサデットスレーンタラーティボディーであり、一般には「プラサデット」と呼ばれている。彼は、西欧各国の教育事情を調査し、タイの教育改革に関する意見書を国王に送付した。彼の教育構想に基づく新教育制度（「1898 年教育制度」と呼ばれる）が発表されたが、これは教育段階と年齢とカリキュラムとを関連づけた制度で、タイ近代教育の出発点になった。赤木攻「チャオプラヤー・プラサデット――タイ近代教育の案内者――」、阿部洋編『現代に生きる教育思想　第 8 巻アジア』ぎょうせい、1981 年、251-284 頁参照。

50 外務省記録前掲 6-4-4-0-1-8。

51 東京朝日新聞　1903 年（明治 36 年）1 月 7 日付、第 3 面参照。

52 開発社『教育時論』第 639 号、1903 年 1 月 15 日発刊、40 頁。

53 赤木攻、前掲「チャオプラヤー・プラサデット――タイ近代教育の案内者――」、262 頁。

54 外務省記録前掲 6-4-4-0-1-8。

55 原文は次のとおりである。"At the state dinner 1 月 1 日 on the occasion of Her Majesty Queen's Birthday, Their Royal Majesties eagerly expressed to me their high appreciation of cordial manners, in which Siamese Crown Prince, from whom Their Majesties seem to have already received telegraphic information, is now being treated in Japan."　外務省記録前掲 6-4-4-0-1-8 参照。

56 拙論「明治後期の対タイ文化事業―稲垣満次郎と仏骨奉迎事業を中心として―」『アジア太平洋研究科論集』19 号、2010 年 5 月、59 − 78 頁参照。

57 外務省記録前掲 6-4-4-0-1-8。

第3章

仏骨奉迎事業

92

　本章では、インドで発掘されタイ国王に寄贈された仏骨が、日本に分与され日泰寺に奉安されるまでの過程がいかなるものであったかを追究する。また、仏骨奉迎事業に稲垣がなぜ、どのように関与したのかを分析する。

第1節　仏骨の発掘と分与

　1898年（明治31年）にインド北部のピプラーワ村で、英国人ウィリアム・ペッペによって、同氏が保有する土地の小高い丘から大石櫃が発見された。出土された石壺の刻文を、オーストリアのビューレル、イギリスのリス・ダビッツ、フランスのバルト等の梵語学者が競って研究した結果、その刻文は、「薄伽梵佛陀の遺骨を蔵せるこの聖龕は、釋迦族、即大聖（名声高き人）の兄弟、姉妹、その児子、妻室等の所有に属す」[1]というもので、この石壺には釈迦の遺骨（仏骨、釈尊御遺形、仏舎利とも言う）が納められていることが判明した。ペッペは、仏骨および一緒に発掘された宝飾品を全部英国政府に寄贈した。英国政府は、同氏の意向を斟酌して宝物の3分の1を印度カルカッタ博物館に、また3分の1を英国ロンドン博物館に、残りの3分の1をペッペへそれぞれ分与した。仏骨については、当時唯一の独立仏教国であるタイの王室へ贈与されることになった。タイ国チュラーロンコーン王（ラーマ5世）は、プラヤー・スクムをインドへ派遣し、1899年（明治32年）2月15日にインド政庁から受領した。仏骨は、バンコクのワット・サケットに無事奉安され、同年5月23日を中心として前後30日間の奉安大法会が挙行された。

　チュラーロンコーン王は、ビルマ、セイロンの仏教徒の懇願に基づき両国に仏骨を頒与することにした。1900年（明治33年）1月19日にバンコクで奉授式が執り行われた。仏骨を奉安した黄金の塔2個がビルマに、3個がセイロンに授与された。

第3章　仏骨奉迎事業　**93**

　仏骨は、ロシアにも分与された。チュラーロンコーン王の王子で、遊学中のロシアから一時帰国していたチャクラポン親王が、国王へ願い出て仏骨を受領しロシアへ持ち帰った。ロシアへの仏骨分与は、ロシアを異教徒の国と考えていた当時の在タイ日本人関係者にとって、大きな驚きであった[2]。

　タイ駐剳公使稲垣満次郎は、外務大臣テーワウォン親王宛に1900年（明治33年）1月27日付の書簡を送り、日本にも仏骨を頒与してもらえるよう国王に懇願してほしいと要請した[3]。この書簡は、当該奉迎事業の起点として重要な意味を有している。要約すると、

①日本も古来の仏教国であり、現在の信徒3千余万人、教導の僧侶7万超、国内の宗派は12宗36派に分かれている、

②仏骨が日本国民に与えられるならば、日タイ両国民は一層親密になり、さらに同一種族、同一宗教、同一語源という意識を大事にし、益々両国の緊密が図られると信ずる、

③国王の快諾が得られるならば、日本より仏骨奉迎のため日本仏教徒全体を代表する者を来タイさせるべく微力を惜しまない、

④仏骨保存の場所や方法については、各宗派の代表者に一任するが、自分は、京都に仏教各宗派が集まっているので、そこに決まるであろうと思う、

ということであるが、稲垣は、この時点では、仏骨奉安地を京都と想定していた。

　稲垣公使が仏骨分与の要請に出た背景には何があったかを分析する。

　第1に、稲垣公使には、ロシアに仏骨が分与されたことに対する対抗意識が働いたと考えられる。当該書簡のなかにその思いを読みとることができる。日本も「古来の仏教国」と述べているのは、言外に、ロシアはキリスト教が国教であるにもかかわらず、仏骨が分与されているのであれば、仏教国である日本に分与されても何等不思議はないということが含意されていると考え

られる。また、「現在の信徒3千余万、教導の僧侶7万超」という記述は、ロシアで仏骨の歓待式を執行したのは仏教信徒総代40名に過ぎなかった[4]ことに比べれば、日本仏教ははるかに大規模であると誇示していると見て取れる。さらに、「同一種族、同一宗教」という表現には、日本とタイは、同じアジアにあり、ともに仏教を信仰しているという共通の要素を有しているが、ロシアは全く異質であり、そのロシアに仏骨分与されるのであるならば、日本にも分与されて当然であるという主張が込められていると考えられる。

第2に、稲垣公使は、仏骨奉迎事業によって、日本国民に日本とタイとの関係を認識させることを企図したものと考えられる。当時の政府の外交方針は、欧州中心でタイを等閑視していた。稲垣公使は、「日暹修好通商航海条約」締結後の日タイ両国関係に危機感を抱いていた。本稿第2章第3節「タイ駐劄公使時代」で前述したように、稲垣公使は、自身が幹事長をしていた東邦協会の会員である石川安次郎（半山）に、民間の世論が日タイ両国の親交関係の必要性を認めていることを政府に知らしめてもらいたいと要請している。国民世論をもって政府に両国親善の必要性を訴えようとして仏骨奉迎を発想したものと考えられる。

当該書簡の発信者名は「日本帝国公使館　稲垣満次郎」で、受信者名は「デバウォング親王殿下」であった。日タイ条約交渉等の公文書で使用された肩書き・名前は、それぞれ前者が「日本帝国弁理公使　稲垣満次郎」で、後者が「外務大臣　クロム・ルアン・デヴァウォングセ・ヴァロプラカー親王殿下」であった。当該書簡は、双方の肩書き名称が簡略化されていることから「公文書」ではなく「私信」であると考えられる。なぜ私信で要請したのか。第1に、稲垣公使は、できるだけ早く仏骨分与の確認を取り付けたかったものと考えられる。当時の日本外務省本省の方針では、タイに積極的に関与することは考えられなかったため、公式の外交案件にすると時間がかかると判断されたためであると考えられる。第2に、日本国内のタイに対する意識を高めるためには、民間世論の高揚が必要であると考え、政治・外交色を薄める狙いがあったものと考えられる。第3に、稲垣は、1894年（明治27年）

第3章　仏骨奉迎事業　95

のタイ訪問時及び97年～98年（同30年～31年）の修好通商航海条約の
交渉を通じて、テーワウォンとの親密度が増し、「公文書」でない方が相手
も動き易いと判断したためと考えられる。

　稲垣公使の書簡に対して、テーワウォンから2月1日付の返信がきた。
この書簡によれば、タイ国王は、日本に仏骨を分与することを承認するとと
もに、日本から派遣される委員を喜んで受け入れるということ、さらに、仏
骨は一宗派に与えるものではなく、国家から国家への贈物であって、それに
よって両国の親交が一層緊密になることを希望するということであった[5]。

　タイ国王の裁断の背景には、タイの外交政策上日本との親交関係を構築し
ておきたいという思惑が働いていたことが考えられるが、さらに、稲垣公使
がタイ国王及び政府高官から高い評価を得ていたことも考えられる。

　稲垣公使は、1900年（明治33年）2月12日に日本仏教界各宗派管長宛
に長文の書簡を送り、早期に仏骨奉迎を実施するよう勧告した[6]。要約すると、

①昨春英領インド政府が同国ピプラハワでペッペ氏の発見した仏骨を独立
　仏教国である当国王に贈呈し、国王は空前の盛式をもってこれを迎えた、
②国王には、仏骨を各仏教国に頒ち世界仏教徒の団結を図ろうとする聖旨
　がある、
③この1月に、セイロンとビルマから委員が派遣され、盛大な儀式で仏
　骨を受領している、
④国王には、仏骨の一部を我国仏教界に贈るとの聖旨があり、このことは
　当国外務大臣から通知を受けている、
⑤日本からの派遣委員に対しては謁見等の厚遇を賜る旨、外務大臣から通
　知を受けている、
⑥国王の聖旨では、仏骨は或る一宗派に贈られるものではなく日本仏教徒
　全体に与えられるものである、
⑦日本仏教界の中から高徳博学で英語に堪能な人を数名選んで至急派遣し
　てほしい、

ということである。各宗派管長が稲垣公使の書簡 1 通で行動に移すとは、稲垣自身確信が持てなかったのではないかと考えられる。信頼でき且つ影響力のある人物に頼ろうと考えても不思議ではない。

　稲垣公使は、各宗派管長宛の書簡（写）を同封して、同年 2 月 12 日に大隈重信伯爵宛に書簡を送っている。

　　肅啓　閣下倍々御清適奉大慶候　陳レハ昨年印度政府ハ同国ピプラハワに於て発見せられたる釈尊の霊骨を佛教国として世界只一の獨立国たる當国王陛下ニ贈呈致し候ひしか陛下ニハ右の霊骨を博く世界の佛教国ニ頒ち世界佛教の一致を計らんとするの御聖志より今般我邦佛教界ニ対シ右霊骨の一部を頒與せらるへき旨當国外務大臣より通報ニ接し申候勿論右ハ特ニ或る一宗教ニ贈與せらるゝものニ非すして我邦佛教徒全體ニ賜ふものニ候得者我国佛教各派より適當の委員を撰抜し派遣せらるへき旨別紙の書面相送置候前陳の次第ニ候ヘハ我国各派合議の上委員派遣の儀ニ就いて閣下より夫レ夫レ御勧告の労を御取り被下候ハバ各宗の連合も容易ニ相纏可申右御依頼申上候敬具[7]

　それによれば、稲垣は、昨年インド政府は同国ピプラハワにおいて発見した仏骨を仏教国として唯一の独立国であるタイの国王に贈呈したが、国王は仏骨を広く世界の仏教国に頒ち、世界仏教の団結を図ろうとする聖志により、日本仏教界にも仏骨の一部を頒与する旨当国の外務大臣より通知があった、と報告し、この仏骨は、ある一宗派に贈与されるものではなく、日本の仏教徒全体に下賜されるものなので、仏教各派より適当な委員を選抜して派遣されるよう別紙の書面を送ってある、と述べ、各派合議の上委員を派遣することについて、各宗派が容易にまとまるよう閣下より夫々に勧告していただきたいと要請している。

　大隈重信が稲垣の要請に応えて、主要な関係者に働きかけたことは、東本

願寺寺務総長石川舜台の大隈宛同年 8 月 7 日付書簡にある「先般者暹羅件には重々之御配意被成下、幸に御蔭により万般好都合に相運奉深謝候」[8] という文言からも容易に想像し得る。岩本千綱が、稲垣の書簡を受け取って率先して行動に移したのは石川舜台であると述べている[9]が、大隈の影響があったと考えられる。

　また、稲垣公使は、外務大臣青木周蔵子爵に同年 2 月 14 日付公第 10 号信「当国王陛下ヨリ釈尊ノ遺骨ヲ我国ノ仏教徒ニ御贈与ノ件」[10] で、

　　昨春印度政府は同国ピプラハワニ於テ発見セラレタル釈尊ノ遺骨ヲハ佛教国トシテ世界唯一ノ独立国ナル当国王陛下ニ贈呈致候ヒシカ当国王陛下ニハ博ク之ヲ世界ノ佛教国ニ頒ツノ御聖志アリ今 1 月ニハ錫倫緬甸ノ両地ヨリ委員ヲ派シ盛大ナル儀式ヲ以テ佛骨ノ頒ヲ得申候　当時本官ハ外務大臣ニ宛テ私信ヲ以テ二千万ノ佛教徒ヲ有スル我邦ニ対シ或ハ佛骨御贈与ノ御聖旨無之哉陛下ニ御伺有之度旨依頼致候処這回外務大臣ヨリ陛下ニハ我国佛教徒ニ対シ佛骨ノ一部ヲ頒与アラセラルヘキ御聖旨ニ出テラレシ由ヲ報シ来リ更ニ右佛骨ハ我国佛教徒全体ニ贈ルモノニシテ特ニ或ル一宗一派ニ与フルモノニ非ス換言スレハ暹羅国ヨリ日本国ニ贈ルヘキ旨ヲ附記致候前陳ノ次第ニ候得者本官ハ去 12 日我邦佛教各派管長ニ宛テ適当ノ委員ヲ選抜派遣スヘキ旨勧告致置候右為念及御報告候敬具

と、大隈重信宛の書簡内容とほぼ同様の報告をしているが、顕著な相違点がある。すなわち、①私信でタイ外務大臣に依頼したと述べていること、②去る 12 日に日本仏教各派管長宛勧告してあるので、念の為報告すると結んでいること、③発信の日付が大隈宛よりも 2 日遅いこと、である。「私信」で依頼したということは、公式の外交案件ではないということを含意していると考えられる。従って、末尾部分で「為念御報告候」と結んでいる。これは、青木外務大臣が欧州外交を中心とする人物で稲垣に対して冷淡で

あった[11]ことに対する稲垣のささやかな抵抗であったとも考えられる。大隈重信と比較して青木周蔵に対しては、稲垣満次郎の心情的距離は遠いものであったと言える。

第2節　仏骨の奉迎

　各宗派管長は、稲垣書簡に対応して、1900年（明治33年）4月18日から3日間、京都の妙心寺において各宗派会議を開き、奉迎の件について協議した。その結果、本願寺派、大谷派、日蓮宗、曹洞宗、浄土宗、真言宗、臨済宗の7宗派から各1名奉迎使を派遣することが決定した。しかし、真言、日蓮、浄土の3宗は、都合により派遣を辞退した。奉迎使は、大谷派の大谷光演、本願寺派の藤島了穏、臨済宗の前田誠節、曹洞宗の日置黙仙の4師に確定した。奉迎使は互選の上、大谷光演を正使に推挙した。各派は、それぞれ随行者を選定した。大谷派から特派布教使学師・文学博士　南條文雄、暹羅公使館付訳官　山本安太郎を含む11名、他の宗派は各1名の計14名が随行することになった。南條文雄は、イギリスに8年間留学し、『大明三蔵聖教目録』を刊行するなど、高徳博学で英語に堪能な人物であり、人選にあたって稲垣が付けた条件を十分に満たしていた。

　奉迎使節団一行は、32宗派管長の委任状を携帯し、同年5月23日に神戸発博多丸で出帆した。

　一行は6月12日にタイのバンコクに上陸した。タイ滞在中の活動は、葦名信光著『釈尊御遺形奉迎紀要』[12]、小室重弘編著『釈尊御遺形伝来史』等に詳細に記録されている。

　1900年（明治33年）7月19日に警保局長安楽兼道は、外務大臣秘書官宛に、京都府知事高崎観章の内報書写を送付している。この内報書で、高崎観章は、仏骨奉迎使一行がタイ国王に謁見した時の勅語の大意およびタイ滞在中の日誌を印刷したが、朱点の字句を削除し且つ末尾に奉迎事務所名を付

第3章　仏骨奉迎事業　**99**

記して再度印刷することになったと述べ、出来上がったものは、中央政府や各宗派等に郵送する手筈になっていると述べている[13]。このような高崎観章の校閲した日誌に基づいて、前述の葦名、小室等の各記録が作成されたと考えられる。従って基本的には、国王の勅語や滞在中の日誌は、各著作共ほとんど同様である。

　一行は、6月12日の到着後、タイ王室から国賓として丁重な待遇を受け、親王大臣と相互に訪問の礼を交換するとか、夜会に招待される等ほとんど礼問に忙殺された。14日午後4時より王宮に於いて謁見が許され、国王の勅語を拝聴した。要点を意訳すると、「仏骨の一部を受領するために初めてタイに来た日本仏教徒の奉迎使に会えてうれしく思う。日本はタイから遠隔の国で、制度、習慣等の相違があろうが、同一宗教を信ずる同教国であることを信認することに非常な喜びと満足を覚える。自分が仏教の先導者であり且つ保護者であることを承認された以上、奉迎使に仏骨を分配するという幸福な任務を喜んで果たしたい」[14]ということになる。国王は、日本とタイは「同一宗教」を信ずる「同教国」であると述べ、仏教の先導者として且つ保護者として、日本からの奉迎使に神聖な遺形すなわち仏骨を分与することの喜びを表明している。仏教に関して、タイの優位性を示していると考えられる。

　6月15日に仏骨授受が挙行された。奉迎使一行は、午後5時に式場のワットポー寺に到着した。勅使であるバスカラウォン（パーサコーラウォン）文部大臣は、タイ語と英語の2通の式辞を述べた。これに対して奉迎正使の大谷光演が答辞を朗読した。朗読が終了後、奉迎使一同は、仏骨に対して読経拝礼した。勅使バスカラウォンは自ら仏前に安置してある黄金塔の中から別に1つの黄金塔を取り出して、奉迎使4名立会の上、その小塔を開き、仏骨を拝して親しく授受を終了した。奉迎使は、日本から持参した宝珠形の龕内に黄金塔を納め、これを金襴の袋に入れ、さらに二重の桐箱に納めた。奉迎使一行は、公使館に帰り、仏骨を納めた箱を奉迎使立会の上で密封して、公使館内の客室の高段に仮安置した。

　奉迎使一行は、翌16日に王宮、寺院、博物館等を見学し、17日は、内

務大臣ダムロン親王の案内で、旧都アユタヤの遺跡を見学した。

6月18日に、奉迎使4名と南條文雄及び稲垣公使は、王宮内で国王から食事の饗応を受けた。食後、国王は、奉迎使一同と文部官とともに喫煙室に入り、大きな仏像1体を日本各宗僧侶及び信徒に、また小さな仏像を正使大谷光演にそれぞれ授与して、

> 日本仏教各宗派が協同一致して神聖なる釈尊の遺形を奉迎することは朕の甚だ喜ぶ所なり、将来益々其協同力を堅固にして有益の事業を興起し、宗教上の利益を普通ならしめ、最初の一念を貫徹する様にありたきことと朕は同一宗教を信仰する上より深く希望する所なり

と述べ、今後各宗派が協力一致して布教を進めるにあたって、助力すべきことがあれば、同一宗教を信仰する上でいかなることをも辞さないと奉迎使に約束した。さらに、国王は、日本仏教徒へ寄贈する仏像は、頒与した仏骨と同じ場所に安置してほしい、また、王妃が三蔵聖教の写本を寄贈する予定であるが、これを入れる錦嚢を制作中であるので後日送付する、と述べるとともに、仏骨を大切に護持して無事日本に帰着したら、速やかに場所を定めて奉安してほしいと述べた[15]。当日下賜された金銅仏は、日泰寺（前、日暹寺）の本尊として安置されている。

食事中にも国王は、種々話をし、仏骨を奉安すべき覚王殿建築用として国王、王妃、親王、大臣等からそれぞれチーク材を寄贈すると約束した。これらの木材が覚王殿の建設に使用されたのかどうか。日置黙仙は、1911年（明治44年）12月に挙行されたワチラーウット王（ラーマ6世）の戴冠式に日本仏教徒を代表して参列した際、タイの各大臣から、覚王山日暹寺は、タイからチーク材を贈与したので、荘厳な「御遺形堂」が建設されたであろうと言われたときに、そのとおりと明言できなかったことを遺憾に感じたと述べている[16]。このことから、チーク材は覚王殿建設に使用されなかったと考えられる。

第3章 仏骨奉迎事業　101

　稲垣公使は、外務大臣青木周蔵宛の 1900 年（明治 33 年）6 月 21 日付公信第 37 号「仏骨受取ノ為メ本邦仏教各派ノ代表者来府ノ件」[17] で、一行が 6 月 12 日にバンコクに到着し、14 日は国王に拝謁、15 日は仏骨授与式に参列、18 日は宮中の午餐に出席し、19 日に帰国の途についた旨、次のように報告している。

　　佛骨受取ノ為メ本邦佛教各派ヨリ派遣セラレタル奉迎正使大谷光演、
　　奉迎使藤島了穏、前田誠節、日置黙仙、同随行員 14 名本月 12 日当府
　　ニ着シ同 14 日宮中ニ於テ当国国王陛下ヨリ奉迎正使、奉迎使、並ニ随
　　行ノ僧侶ニ拝謁ヲ賜ハリ同 15 日仏骨拝受式アリ、同 18 日宮中ニ於テ
　　奉迎正使及奉迎使ニ午餐ノ御饗応アリ、19 日右一行ハ当地出発帰国ノ
　　途ニ上リ候、尚ホ奉迎使及大谷派本願寺ヨリ国王及皇后両陛下へ数点
　　ノ献納品ヲ奉リ同両陛下ヨリモ各奉迎使へ御贈品ヲ下賜セラレ候　右
　　及御報告候　敬具

　本山の命によりフランスへ直行した藤島了穏を除いた全員は、北清事変（義和団の乱）のために予定の日程を早めて、7 月 11 日に長崎に上陸した。長崎では、12 日から 3 日間上陸会が行われ、九州各地の各宗派寺院信徒数千人が参拝した。15 日に長崎を出発し、17 日に大阪に到着した。翌 18 日に四天王寺で拝迎会が挙行された。各宗派管長をはじめ一般の参拝者数万人に及び、東京駐劄タイ公使プラヤー・リティロン・ロナチェートも奉迎のために来会した。19 日には京都に到着し、東本願寺で行列を整え、仮奉安所である妙法院に無事到着した。この日の行列は荘厳美麗を極め、行列に入る者は各宗派管長、タイ公使をはじめ約 3 万人で、拝観者は 25 万人と言われ京都未曾有の盛観であった。20 日から 3 日間各宗派は輪番で仮奉安所において仮奉安会を挙行した。

　妙法院は天台宗の名刹で、明治維新前は宮門跡の格式を有していた。天台宗は日本の各宗派の源泉とも言えることおよび妙法院の立地が一般民衆の参

拝に便利であることから、覚王殿の場所が選定されるまで、ここを仮奉安所
と定めた。仏骨を安置する場所は、同院宸殿で、歴代皇室の尊碑を安置して
いる所であるので、事前に宮内省に伺い出て承認を取り、その上で奉安した。

　7月23日に奉迎使、各宗派管長、奉迎委員等が仮奉安殿に参列し、タイ
公使も列席して、奉迎使から各宗派管長へ仏骨を授受する式が挙行された。
まず奉迎正使大谷光演の挨拶があり、続いて前田奉迎使は、奉迎の顛末、タ
イ王室の厚意、稲垣公使の斡旋等について詳細に陳述した。次に、仏骨を納
めた宝筐を開いて、一同拝瞻焼香礼拝を行い、その鎖鑰を奉迎使より奉迎事
務総理村田寂順に渡された。村田寂順は、鎖鑰を受領後、簡単に謝辞を述べ、
タイ公使の答辞、日置奉迎使の挨拶をもって式は終了した。タイ公使は、答
辞のなかで、仏教各派を代表する各位が、どんな場合にもつねに仏教全体の
ためにすることを忘れず、相助け相励み、世界に卓絶するこの宗教を益々盛
大ならしめることを切望すると述べている[18]。宗派を超越し一致団結して仏
教の隆盛に努めるという精神は、その後、日暹寺（現在の日泰寺）の運営に
継承されていると考えられる。

第3節　仏骨の奉安

　仏骨到着後の状況についてはその都度電報または郵書で稲垣公使宛報告さ
れ、稲垣公使はそれをタイ国王に奏上していた。国王がいかに満足されたか
は、稲垣公使の村田寂順宛9月29日付書簡[19]でも明白である。要約すると
以下のとおりである。稲垣公使は、まず、王妃が日本仏教徒に贈呈される経
文包1巻が、文部大臣を経て公使館に到着したので、村田寂順宛送付するが、
この経文覆包綿繍は王妃自身の制作によるもので、先般国王から下賜された
仏像とともに仏骨奉安所へ寄贈されたものであるので、両陛下の意を理解し
てほしいと要請している。次いで、国王が仏骨に関して気にかけており、8
月27日に拝謁した際も同件について種々質問があったが、9月21日に国

王誕生日祝賀のため参内謁見した時に、国王は、日本で仏骨に対し盛大な奉安式を挙行した状況について日本駐剳タイ公使より写真を添えた詳細な報告を受けていたようで、これほどまでに日本仏教徒が仏骨を歓迎するとは意外であったと国王は親しく話をされ、非常にご満足の様子であったと、稲垣公使は報告している。さらに、国王には、これは仮奉安式であり、いずれ明春に正式の奉安式を挙行する旨申し上げてある、と付言して、日本仏教界に奉安式の早期実施方圧力をかけている。当該書簡の後半部分で、稲垣公使は、仄聞すれば、日本仏教家全体で国王に仏骨分与のお礼のため再度使節をタイへ派遣するそうであるが、国王は、仏教に関する図書館を建設する予定で、古今の仏書や欧州における仏教に関する著書等を蒐集中であるので、本邦各宗派の仏書を蒐集して、仏骨分与に対するお礼として、国王に奉呈するならば、国王のご満足を得られるだけでなく、仏教のために一大慶事にもなるであろう、と述べ、奉迎使各位承知済みの日本仏像と一緒に献上されれば、高価な物品よりも国王のお気持ちに適う最良の方法であろう、と助言している。国王の満足を第一に考えながら、仏教を通じて、日本とタイの親交を深化させようという稲垣公使の戦略的な発想は、現地にいるからこそ可能であったと考えられる。

　1900年（明治33年）6月11日に妙法院内事務所で日本大菩提会の創立式が挙行された。1、2の宗派を除くほとんど全宗派が加盟した。当会は、「釈尊の遺形を奉安し其聖徳を顕揚し、国民の徳義を涵養する」ことを目的とし、そのための事業として、第1期で覚王殿の建設、第2期で教育及び慈善事業、が企画された。

　覚王殿の建設については、仏骨を寄贈されたタイ国王がつねに心配されていること及び日本仏教徒の信念を世界に顕示することから、荘厳美麗で且つ永久に耐えることは勿論のことであるが、これとともに仏徳を慶讃し三宝を護持するために、覚王殿に付属して、讃仏殿、護法会院、衆会院、図書館、宝庫、東西祠堂、鼓楼、鐘楼、その他を建設することが計画された。総建坪は5800坪、敷地面積は10万坪以上という規模で、加えてその土地は、仏

法有縁の地方で清浄高燥の土地を選定することが方針として打ち出された。

　覚王殿をどこに建設するかは大問題で、なかなか結論が出ないまま時間が経過した。仏骨は京都妙法院に仮に奉安したままであった。在タイ公使館員等も事態を憂慮し、日本大菩提会に対してしばしば督促してきた。在タイ領事外山義文は、大菩提会会長村田寂順及び同副会長前田誠節宛 1901 年（明治 34 年）11 月 26 日付書簡[20] で、

① 11 月 17 日の国王御即位節の席上、覚王殿の建設に関して、目下場所の選定中であると答えたところ、国王は、建設の場所がまだ決まっていないのかと厳しい口調で再度質問があったので、現在日本大菩提会が鋭意選定に考慮中であり、遠からず満足な結果が得られる予定であると答えたということ、

②国王は満足の様子で、寺院建立のための木材をすぐにでも寄進する旨話があったが、大菩提会会長から場所確定の報告があり次第国王に奏上するので、それまでは、木材の発送を猶予してほしいと答えたということ、なお、国王は、昨年約束した木材寄付の件を片時も忘れずに、日夜日本からの発送依頼を待っているようであるので、大菩提会としても早急に計画してほしいということ、また、一国の王者に対する約束は、一個人に対する約束とは軽重の度合いが異なるのだから、慎重に考慮してほしいということ、

③稲垣公使から大菩提会への伝言として、昨年各宗派より国王へ寄進する約束の書籍は、2、3 の宗派を除いて未だ献進できていないが、これは日本仏教各派の信用を傷つけるものなので、至急約束を履行するよう会長が手配されることを希望するということ、

を勧告している。この書簡の日付からみて、大菩提会の決定から 1 年 5 カ月が経過しても、未だ覚王殿の場所が決まっていないということが判明する。

　覚王殿建設地の選定については、東京、京都あるいは遠州三方が原と諸説

が出て結論に至らなかった。当時の多くの意見は、仏骨を妙法院に仮に奉安したまま、数年の歳月を経過し、覚王殿建設の場所も未だ決定していないのは、東洋の仏教国である我国の面目を汚損するものであると言えるし、各宗派が我執を張り、大局的な見地に立てないのは、慷慨の至りである、というものであった。

　1902年（明治35年）3月に愛知県下の有志数百名は、連署して、仏骨奉安地を名古屋市付近に定めることを希望するという請願書を大菩提会会長宛に提出した。このなかで、愛知県下は、東西両京の間にあって、実業の枢要地であり、仏教有縁の霊地であるので、この地に大覚王殿を建設するならば、各宗派間は円満になり、タイ国王の聖旨に相応するのみならず、日本仏教徒が一致団結して永く東洋の平和を保持し、国家の利益と国民の幸福を増進するものと固く信じている、と述べている[21]。

　稲垣公使と外山領事は、同年5月23日付で日本大菩提会愛知支部宛に書簡を送っている。このなかで、稲垣と外山は、

①一昨年の奉迎使渡タイの当時各宗派管長は連署で、仏骨奉迎永遠護持については、タイ国王の叡慮に背反するようなことはしないと誓ったのに、2年の長きに亘り土地の選定すら未だにできていないというのは、誓言と相容れないもので遺憾である、

と日本仏教界の動きに苦言を呈しているが、一方では、

②愛知県で覚王殿建立地選定期成同盟という大団体が組織され、名古屋市付近の地に仏骨を奉安し、仏教各宗の融和統合を図り、タイ国王の叡慮に副わんとする目的をもって尽力しているようであるが、その企画の趣旨は二人の日頃の考えと一致しているので、一日でも早く奉安地を決定の上堂塔建立の準備に着手する必要があることから、当該企画に全面的に賛成の意を表す、

と実質的に覚王殿建設の準備活動を開始した「期成同盟」に早期の目的達成を期待している。さらに、

　③本件の運動の様子等は逐一国王へ奏聞しているが、国王は満足されているので、お知らせする、また、
　④国王から、寄進を約束されている木材の発送時期について今回またもご下問があったので、準備が整い次第通知してほしい、

と要請している[22]。

　稲垣公使は、同年7月17日に名古屋市長宛に書簡を送り、タイ国王から本邦仏教徒へ分与された仏骨の奉安地が2年経過しても決まっていないのは甚だ遺憾であるが、最近貴地において奉安地期成同盟会が設立され、貴下にも尽力していただいていることを深くお礼を申し上げたい、については、奉安地を速やかに決定してもらうべく、各宗管長宛に書面を差し出しているので、貴下にも尽力願いたい、と名古屋市付近への奉安地の誘致を要請している[23]。

　稲垣公使は、各宗管長宛に同年7月18日付の書簡を送っている。これによれば、稲垣公使は、以下のように状況を説明して、各宗管長に速やかに奉安地を決定するよう要請している[24]。タイ国王から仏骨を分与されてから丸2年を経過しても奉安地がまだ決まっていないと聞いている。国王は、仏骨に関して常に気にかけておられ、自分が参内すると種々質問をされるし、覚王殿建設用木材贈与の時期等についても話をされる。また、本年10月には、皇太子が日本を訪問することが確定している。日本国内の状況は混乱して進展がないので、間に立っている自分は、タイ王室に対して話の持って行き様がない。速やかに奉護に着手しない場合は、日本仏教徒として実に不面目の限りと考える。また、先日、名古屋から奉安地期成同盟会の名で、自分に賛助を求めてきたが、賛成である旨回答してあるので、各位ご一覧願いたい。

さらに、本件について国王もご満足である旨お言葉があった。なんとか決めなくてはならないという時期に切迫しているので、各位協議の上、速やかに奉安地を決定してほしい、というものであった。稲垣公使がタイ国王と日本仏教界との間に立って、事態が進展しないことへの焦燥感をつのらせている様子が如実に表現されている。

稲垣公使は、仏骨分与を懇願した時点では、日本に立脚した発想で、奉安地を京都に想定していたが、仏骨が仮奉安されてからは、国王への気遣いが増幅したと見え、仏教有縁の地であれば場所は問わないから速やかに奉安地を決め、覚王殿を建設してほしいという考えが強くなっていたと思われる。稲垣公使は、タイに立脚して思考し、稲垣公使の国王に対する心情的距離は短縮していたと考えられる。

名古屋の御遺形奉安地選定期成同盟会は、各宗管長会議が開催される直前に、各管長宛に具陳書を送っている。これによれば、

①一昨年タイ国王が日本仏教徒に頒与した仏骨の奉安を好機に各宗派の総合団円を図ろうとする有志が糾合して期成同盟会を興し、日本大菩提会に対して数回交渉を行ったが、県下においては、土地及び金品の寄付を請願する者が続々現れている、

②7月中旬に各宗派選定地委員が名古屋市に来て、同盟会員と会合して、県民の信仰の熱誠と寄付地面の調査を実施したが、頗る適当であると評価した、

③国家的見地から見て、日タイ両国間の国際関係を考えて期成同盟を組織し、苦心惨憺、東奔西走し、百方尽力斡旋の結果、今日管長会議の議決を待つに至ったのは、実に仏教信徒の本分を尽くしたと信じて疑わないところである、

と述べ、今回の議会で速やかに愛知県下に奉安地を定めることに賛成してほしい、と各管長に懇請している[25]。

タイのワチラーウット皇太子（後のラーマ6世）がイギリス留学を終えてアメリカ経由で帰国の途次、1902年（明治35年）12月に、日本へ立ち寄られるということになり、日本仏教界は、覚王殿建設地選定の件を等閑に付すことができない情勢となってきた。奉安地の選定だけでも決めておかなければならないということで、各宗派会議は、同年7月28日から京都で開かれ、9月12日まで継続した。選定地に関する実地調査その他の要件を確認するため休会となり、11月5日から再開した。選定地については、京都派と名古屋派に分かれて激しく対立したが、11月12日の会議で覚王殿建設地として名古屋が選定された。同日のその後の会議で、タイ国王、日本の外務、内務両省、日本駐劄の新旧タイ公使、大隈、板垣両伯爵、三浦子爵に各宗派会決議の次第を議長名で通知することおよび稲垣公使に別途電報を発することが確認された。

各宗派会議の決定に基づき、妙法院に仮奉安されていた仏骨は、名古屋市に奉遷されることになり、奉遷の期日は11月15日に決定した。覚王殿が建設されるまでの名古屋市の仮奉安所は、同市門前町の萬松寺になった。同時に、日本大菩提会本部も同地に移った。

日本大菩提会は、1903年（明治36年）4月12日に京都で覚王殿敷地選定委員会を開き、当該敷地を愛知県愛知郡田代村の加藤慶二等の寄付による土地12万7千坪余に決定した。

同年10月16日付で内務省の寺院建立認可が得られた。

1904年（明治37年）11月15日に、萬松寺から覚王山日暹寺への仏骨の遷座法要が営まれた。日暹寺建立のために尽力した日置黙仙は、同年11月27日に稲垣満次郎宛に書簡を送って、

①この法要には駐日タイ特命全権公使プラヤー・ナリスラ・ラジャキッチも特別に参拝しており、盛会であった、この時の写真と境内一覧表をタイの宮内大臣、外務大臣および稲垣公使に贈呈する予定である、
②国王へお願いする勅額の寸法は、境内一覧表とともに送付する、

③本堂、庫裡書院、本尊前机、金屏風などは、信徒、住民等の立替や寄付
　により完成しているが、不足資金は、時局の影響で、寄付が集まらず苦
　心している、

と現況を報告している[26]。同年2月に勃発した日露戦争の影響もあって、
建立当時は資金不足のためにいかに苦心したかを示している。また、日置黙
仙は、大隈重信に対して、日暹寺建立のときに続いて、遷座式のときも、寄
金の協力を懇請している[27]。

　1918年（大正7年）6月15日に奉安塔落慶法要が盛大且つ厳粛に挙行
された。奉安塔は東大教授伊東忠太の設計によるもので、ガンダーラ様式の
花崗岩の石塔である。仏骨は、この奉安塔に永久的に安置されることになっ
た。この法要には、10余万人が参拝し、稲垣満次郎の未亡人栄子も参列し
た[28]。

　1984年（昭和59年）に新本堂が完成した。日泰寺（前、日暹寺）は、チュ
ラーロンコーン王が日本仏教徒に頒与した仏骨を奉安し、同王が下賜された
金銅仏を本尊として安置し、プミポン王（ラーマ9世）から下賜されたタ
イ文字で「釈迦牟尼仏」を表記する勅額を掲げている。日泰寺は、日本を訪
れるタイ人にとって、日本における「聖地」と言える存在である。また、毎
年10月23日のチュラーロンコーン王記念日には、タイ政府関係者および
在日タイ人が、同王を偲んで献花を行っている[29]。日泰寺は、日本で唯一の
超宗派寺院であり、その運営にあたっては、現在19宗派の管長が輪番制に
より3年交代で住職を務めるという特別な仏教寺院である。日泰寺は、文
字通り日本とタイ（泰）を結ぶ日タイ友好の象徴として大きな役割を果たし
ている。

　仏骨奉迎事業に尽力した稲垣満次郎は、1907年（明治40年）に特命全
権公使としてスペインに赴任し、翌年病気のため同地で47歳の生涯を閉じ
た。日泰寺墓地の中、僧職者を慰霊する僧塔のすぐ右に稲垣の墓碑が立って
いる。

小結

　1900年（明治33年）6月15日にチュラーロンコーン王から日本仏教界に贈与された仏骨は、7月11日に長崎に上陸し、大阪を経て、7月19日に京都に到着した。仏骨は、仮奉安所の妙法院に安置された。仏教徒のみならず一般国民も仏骨の到来に熱狂した。日タイ親交関係の必要性を日本政府に認識させるために、国民にタイを認識させ、世論を喚起しようとした稲垣満次郎の目的は、或る程度達成した。しかし、稲垣公使は、国王との関係において、これで満足するわけにはいかなかった。仏骨を正式に奉安する覚王殿を早期に建設するように日本大菩提会に要請した。稲垣が宮廷に参内するたびに、国王から覚王殿建設用チーク材の発送時期の問い合わせがあるが、日本国内の状況は、覚王殿建設の場所をめぐって仏教界内部が混乱して、結論が出ないまま時間が過ぎていった。中間に入っている稲垣公使は、国王への対応に苦慮した。タイにいる稲垣公使は、日タイ友好のために、いかに国王に満足してもらえるかということに苦労していたと考えられる。稲垣公使の度重なる催促と一部熱心な信奉者によって、奉迎から4年半が経過した1904年（明治37年）11月15日に仏骨は日暹寺（現、日泰寺）に奉安された。

　当該仏骨奉迎事業の特質として、

①日本の対タイ文化事業として最初のものであった、

②在タイ日本公使館が当該事業の起点になっていたにもかかわらず、外交案件として処理されなかった、すなわち、日本外務省は関与していなかった、

③国王をはじめタイ政府は、日本とタイの仏教は、南北の相違はあるが、同一宗教であるという認識であった、

④仏骨奉迎使節は国王から国賓並みの歓待を受けた、

⑤仏骨仮奉安までの盛り上がりとは逆に、その後、日本仏教界は、結束の弱さを露呈し、仏骨奉安地の選定に長時間を要した、

⑥日本で唯一の超宗派寺院である日暹寺（現、日泰寺）を誕生させた、

ということなどが挙げられる。

　また、仏骨奉迎事業に尽力した稲垣満次郎について、仏骨が妙法院に仮安置されるまでの前半とそれ以降覚王殿落慶までの後半とでは、当該事業に対する問題意識に変化が生じていたと考える。前半は、仏骨奉迎事業を通じて日タイ両国の関係を日本国民に認識させ、世論を喚起させて、日タイ親交の必要性を日本政府に認識させようと考えていた。日本に立脚して日タイ友好を思考していた。後半は、タイ国王との約束を意識し、自分に対する国王の信頼を失わないように努め、日本仏教界に対して、覚王殿の早期完成を懸命に督促していた。タイに立脚して国王および王室との信頼関係を維持しようと活動した。日タイ友好親善を推進するという基本的な考え方に変化はないが、立脚地という観点で見るならば、前半と後半とでは相違があると言うことができる。

　序章で、稲垣満次郎の活動を2期に大別したが、第2期の「タイ駐劄公使時代」も、1900年（明治33年）7月の仏骨仮奉安を境にさらに2つの時期に分けることができると考える。稲垣の日タイ関係に係る立脚地において、第2期の前半と後半とでは変化が生じていたと考えられるからである。仏骨奉迎事業以降、日本の対タイ文化事業が展開されるが、そのほとんどが第2期の後半以降に実施されている。

　仏骨奉迎事業は、日タイ文化関係史において画期的なものであるが、さらに、その結果として、日泰寺という日タイ友好の象徴が存続していることを考えると、当該事業は極めて意義深いものであると言える。

注

1 高楠順次郎「釋尊の遺骨及その史伝」『史学雑誌』第11編第7号、1900年7月、76頁。

2 岩本千綱、大三輪延彌『佛骨奉迎始末』1900年、20－23頁。弓波明哲『佛舎利叢談』興教書院、1900年、99頁。

3 小室重弘『釈尊御遺形伝来史』（以下、小室『伝来史』と略す。）岡部豊吉、1903年、47‐49頁。

4 岩本千綱、大三輪延彌、前掲書、20‐21頁。

5 小室『伝来史』、49‐50頁。

6 同上書、50‐52頁。

7 侯爵大隈家蔵版、前掲書、327-328頁。前掲『大隈重信関係文書　1』233-234頁。

8 前掲『大隈重信関係文書　1』122頁。

9 岩本千綱、大三輪延彌共著、前掲書、30頁。

10 外務省記録 3-10-1-0-8「宗教関係雑件」。

11 石川半山、前掲書、36頁。

12 葦名信光『釈尊御遺形奉迎紀要』（以下、葦名『奉迎紀要』と略す。）日本大菩提会本部、1902年。

13 外務省記録前掲 3-10-1-0-8。

14 葦名『奉迎紀要』終篇、23‐24頁。小室『伝来史』、55‐56頁。

15 葦名『奉迎紀要』終篇、43‐44頁。小室『伝来史』、67‐69頁。

16 来馬琢道『黙仙禅師南国順禮記』平和書院、1916年、367頁。高階瓏仙編『日置黙仙禅師伝』日置黙仙禅師伝記刊行会、大法輪閣、1962年、213頁。

17 外務省記録前掲 3-10-1-0-8。

18 葦名『奉迎紀要』終篇、72‐73頁。小室『伝来史』、79‐80頁。

19 小室『伝来史』、81‐83頁。

20 同上書、94‐97頁。

21 同上書、101‐102頁。

22 同上書、102‐104頁。

23 同上書、104‐105頁。

24 同上書、105‐106頁。

25 同上書、107‐109頁。

26 高階瓏仙編『日置黙仙禅師伝』大法輪閣、1962年、126‐127頁。

27 大隈文書B‐145‐03および04。

28 加藤龍明『微笑みの白塔　釈尊真骨奉安百周年』中日新聞社、2000年、150頁。

29 タイ王国大使館『日タイ修好120周年　2007』、45頁。

第4章

タイ皇后派遣学生の日本留学

本章では、留学事業がどのように発想され、実施されたのか、サオワパー
ポーンシー皇后の令旨と資金により日本に留学したタイ人学生男女各4名
がどのような留学生活を送ったのか、また、最初のタイ人留学生に対して日
本側はどのように対応したのか、さらに、その対応の背景にいかなる要因が
あったのかを分析する。

第1節　稲垣満次郎の働きかけ

サオワパーポーンシー皇后がタイ人学生男女各4名を日本へ派遣した当
該留学事業の発端について、先行研究では、日本滞在を終えて帰国したワチ
ラーウット皇太子が、サオワパーポーンシー皇后に進言したことにより、男
女学生各4名の日本留学が実現したと記述されているが、この点については、
異論がある。

チャリダー・ブアワンポンは、前掲論文「明治期シャム国日本派遣女子
留学生について」において、女子留学生派遣の直接の原因は、1902（明治
35）年末から翌年初頭の皇太子の日本訪問などが考えられると述べ、さらに、
帰国後、日本の美術・手工芸に感銘を受けた皇太子は婦人用の手芸学に興味
を持ち、皇后と相談し、将来タイ人にその技術をもたらし、教授できるよう、
手芸学に才能ある子女を日本に留学させることを決定したと述べている。

山根智恵は、自身の前掲論文において、皇太子及び彼を日本で出迎えたル
アング・パイサーン・シンラパサート教育視学官が、日本への留学生派遣を
国王やサォワパー皇后に進言したと述べている。

両者とも、当該留学事業の発端は、1903年（明治36年）1月に帰国し
たワチラーウット皇太子が皇后に進言したことにあると述べているが、外務
省記録には、それ以前にすでに皇后が、駐タイ公使稲垣満次郎に、タイ人学
生男女各4名を日本に派遣する予定なので、日本側で便宜を図ってほしい

と要請した旨の記録が残っている。

　駐タイ公使稲垣満次郎は、外務大臣男爵小村寿太郎宛の 1903 年（明治
36 年）1 月 12 日付機密第 2 号信「暹国練習生本邦へ派遣ノ件」において、
当該留学事業の発端について報告し、日本側の便宜供与を要請している。

　　　去 1 月 1 日宮中ニ於テ皇后陛下御誕辰ノ賀宴挙行相成候際、皇后陛下
　　　ヨリ種々懇話有之候中、絵画、縫箔、染織等練習ノ為メ、男女生徒各 4
　　　名本邦へ派遣ノ見込ニテ、専ラ英語ニ通スル者ノ内ヨリ人選中、両三
　　　名ハ既ニ確定相成居リ、大抵ハ皇族並ニ其近親中ヨリ選出シ、学費ハ
　　　月額凡 50 円ヲ支給スル筈ナリノ令旨ヲ伝ヘラレ、尚ホ日本政府ニ於テ
　　　モ相当ノ便宜ヲ与ヘラレ候様御希望ノ旨モ御漏シ相成候。[1]

　すなわち、去る 1 月 1 日に宮中で行われた皇后誕生日の祝宴において、
皇后から種々話があったが、そのなかで、絵画、縫箔、染織等の習得のため
に男女学生各 4 名を本邦へ派遣する見込みで、英語に通ずる者を、皇族及
びその近親者より選出し、学費として月額約 50 円を支給する予定であると
の令旨があり、日本政府においても相当の便宜を与えてほしい旨洩らされた、
と報告し、次のように要請している。

　　　就テハ東京工業学校並ニ女子職業学校等ニ於テ右学生教授方差支無之
　　　候哉　若シ差当リ就学ノ不便有之候ハハ先以他ノ私立学校ニ於テ普通
　　　学及国語等研究セシメ候上専門学校へ入学致サセ候テモ可然ト存候
　　　右学生派遣ノ義ハ昨年 11 月 17 日国王陛下即位記念祭ノ節本官ヨリ歓
　　　奏致置候結果ニ有之候間可相成丈ケ補助便宜ヲ与ヘラレ候様致度此段
　　　申進候　敬具[2]

　すなわち、東京工業学校並びに女子職業学校等で当該学生を教育すること
について支障はないか、もし就学上の問題がある場合は、他の私立学校にお

いて普通学及び国語等を勉強させた上で専門学校へ入学させることも考えられる、なお、当該留学生派遣の件は、前年11月17日の国王陛下即位記念祭の時に、稲垣自身が皇后へ上奏してあったことに基づくものであるので、できるだけ便宜を供与されるようお願いする、というものである。

これによれば、稲垣公使が皇后に、タイ人学生の日本派遣を上奏したのは、1902年（明治35年）11月17日ということであり、皇后から、派遣する学生の人数、留学目的、費用等の具体的な話と日本政府への協力要請があったのは、1903年（明治36年）1月1日ということで、いずれも皇太子の帰国よりも前の時期である。当該留学事業の発端について、先行研究の両者は、その時期について問題があると言える。ただし、皇太子の進言が皇后の意思決定に確定的な根拠を与えたことは十分に考えられる。

小村外務大臣は、文部大臣菊池大麓宛に1903年2月13日付の機密送第1号信で、稲垣の書簡写を添付して検討を依頼している。これに対して、菊池文部大臣は、同年3月3日に、当該学校の教育を受けるに足るべき国語の学習等多少の準備は必要であろうが、希望の学科を修習する上では十分便宜を取り計らうことが可能である、と回答している[3]。小村外務大臣は、この文部大臣の回答を3月18日に稲垣公使宛第6号電信で次のとおり伝達している。

In reference to your 機密第2号信 dated 1月12日 When the students arrive, full convenience will be extended to them by competent authorities in prosecution of their studies. I may add that 文部大臣 considers it necessary for them to spend some time in learning the Japanese language before entering the desired special schools.[4]（1月12日付機密第2号貴信に関して、留学生が到着後は、勉学のために当局が十分な便宜をはかるであろう。付言するに、文部大臣は、学生達が志望する学校に入学する前に日本語を学ぶ時間が必要であると考えている。）

稲垣公使は、同年3月23日付公信第20号「暹国練習生本邦派遣ノ件」で小村外務大臣宛に、①第6号電信の内容を早速タイ政府に通知した、②皇后がご病気のため、留学生の選抜が遅延している旨プラヤー・ピパット・ゴーサー外務次官から回答があった、③皇后陛下より本件に関し小村閣下のご尽力に深く感謝する旨伝達依頼があった、と報告している[5]。

1903年（明治36年）5月2日に、駐タイ臨時代理公使小松緑は小村外務大臣宛に公信第32号「暹国練習生並に留学生出発ノ件」で以下のとおり報告している。すなわち、

①男子学生4名と女子学生4名の人選が確定し派遣することになったが、彼等はいずれも当国皇族近親中の子弟である、

②内1名は、先に教育視察のため訪日した当国文部次官の実弟である、

③ほかに当国外務省から本邦へ派遣される留学生1名を加えた総員9名は、下賜休暇で一時帰国する当国政府顧問政尾藤吉氏が同行して5月3日に当地を出発する予定である[6]、

というものである。

一時帰国していた稲垣公使は、同年5月21日に教育倶楽部晩餐会で、文部大臣菊池大麓をはじめ日本の教育関係者に、タイは国家基盤を強固にするために中間階級の勢力強化を図っており、その一環として国民教育を重視する教育制度改革を実施していると現状を説明するとともに、今回タイ皇后が留学生を派遣する留学事業もその趣旨に沿った重要なものであると意義づけを行い、当該留学事業に対する協力を要請している[7]。当時日本最大の教育者団体であった帝国教育会は、同会長が駐日タイ公使館に協力を申し出ている[8]が、これは、稲垣公使の働きかけによる影響が大であるのは当然のことであるが、それに加えて、第2章第4節で論述したワチラーウット皇太子の来日および文部次官の日本の教育制度調査等が影響していると考えられる。

第2節　留学生の修学状況

　本節では、タイから派遣された留学生男女各4名が日本でどのような生活を送ったのか、修学状況はどのようなものであったのかを検討する。

1．タイ皇后からの報告要請

　男女各4名の留学生は、同年5月22日に新橋に到着し、一時帰国中の稲垣公使や井口あくり女子高等師範学校教授等に迎えられ、一旦麻布にあるタイ公使館に入った[9]。彼らは日本での留学生活を開始した。

　日本文部省は、タイ人留学生の受け入れの対応として、すでに、東京帝国大学文科大学教授兼東京外国語学校長文学博士高楠順次郎および女子高等師範学校長高嶺秀夫に、それぞれ男子学生、女子学生の教育監督を任命していた。

　高楠順次郎は、男子学生のために湯島に1軒家を借り「日暹学堂」と称してこれを教室兼宿舎に充当し、文学士宝閣善教を直接の教育責任者としさらに2名の教師を招聘して、日本語と図画の準備教育に従事させた。

　高嶺秀夫は、女子学生を同年5月25日に女子高等師範学校に入学させ、同校内に特別の教室を設置し、専門教師を配置して教育を担当させた。また、平日は同校舎監の喜多見佐喜の自宅に女子学生4名を同居寄宿させた。

　駐日タイ王国特命全権公使プラヤー・ラーチャー・ヌプラパンは、小村外務大臣宛の1903年（明治36年）7月1日付書簡で、皇后陛下が派遣した留学生に関して、小村外務大臣と稲垣公使へ謝意を述べた後で、皇后陛下が留学生の修学状況を知りたいということなので、四半期毎または半期毎の報告書を菊池文部大臣から送ってほしいと要請している[10]。この書簡は、以後実施される「修学進歩ノ状況報告」の起点になっている。

　この書簡に基づき小村外務大臣は、菊池文部大臣に、同年7月6日付送

第74号信「暹国留学生ニ関スル報告書送付方同国公使ヨリ依頼ノ件」で、駐日タイ公使から毎3カ月または6カ月に1回留学生の修学進歩の状況報告書を送付してほしい旨依頼があったので、しかるべく取り計らい願いたいと照会するとともに、同日付で駐日タイ公使宛にその旨通知している。

　留学生の修学状況を報告するために、日本文部省側は、留学生指導面で、タイ側が満足する内容を実態として示すという課題を負うことになった。この報告義務が、指導内容を充実化させる要因になったと考えられる。

2．第1回修学状況報告

　1904年（明治37年）2月9日に文部大臣久保田譲から小村外務大臣宛の文部省文書課辰普甲312号信で、「暹国留学生修学進歩状況報告書」として最初の状況報告が行われている。当該報告書には、1903年5月以降同年12月末日までの修学状況について、到着及就学、修学進歩の状況、将来の見通、健康などの項目ごとに、男女別にそれぞれ詳細に記述されている[11]。要約すると以下のとおりである。

　男子学生は、5月28日から授業を開始し、毎日午前3時間、午後1時間の授業とし、その他は、会話の実習を行うとか、監督者の引率により都内の有名な学校、博物館、美術工芸展覧会等を見学した。また、教師の一人は、寄宿監督の任務につき、学生と寝食を共にして、家庭の雰囲気を醸成し、学生がホームシックにならないように努めた。

　最初の3、4カ月間は学業の進歩がやや遅々としていたが、最近の2カ月間で著しく進歩した。語学においては、簡易な日本文を綴り、平易な漢字交り文を読み、日常会話も普通に通ずるようになった。

　各学生別に学業進歩の成績を見ると、ボーンは着実で勤勉であり、殊に思考力に富み、図画の成績は最も良好である。ポーイは、機敏で、よく学業に励み、理解力に優れ、語学の進歩が最も顕著である。サームは、才智に富み、チャルンは、体力に秀でているが、二人とも勉学をあまり好まず、学業の進

歩がやや遅れているが、人に接することが好きであるため日本語実習の機会をもつことが多く、それが上述の欠点を補っている。要するに、4人とも成績の上では大差がない。

女子学生は、同年5月28日から女子高等師範学校において授業を開始した。7月1日から9月10日までの夏期は、同校女性教員1名の監督の下、4名は鎌倉へ避暑に行き、その滞在中は毎日3時間復習及び授業を行った。

日本語授業について、学生別に進歩の状況を見ると、ジョンとピットの両名は日本語の聴き取り及び表現とも相当進歩し、その他の事項についてはほとんど差し支えない程度に上達しているが、ヌワンとリーの両名は、簡単な会話を聴き取ることができるだけで、自ら表現する技能は未だ十分ではない。

図画は、あらゆる技芸の基礎であるので、4名には十分に修業させる予定であるが、当該科目に関しても、4名中ピットとジョンは優等生であり、リーとヌワンは劣っている。

刺繍は、4名とも殊更に興味を感じており、日本夏衣及び下着等極めて簡易な衣服の裁ち方、縫い方等の技能の習得を目的としているが、当該科目についても、4名の成績は、図画のそれと同様である。

将来の見通しについては、男子学生4名については、全員将来を嘱望される善良な学生であるが、女子学生については、ピットとジョンの良好な成績に比して、リーとヌワンの両名は、将来あまり進歩しないであろうし、4名均一の進歩は望めない状態である。

留学生の健康に関しては、風土・気候や衣食住の相異のため、当初とくに注意を要したが、幸いに全員極めて健康・安全である。来日後初めて冬期の厳寒に遭遇するので、寒さを凌ぐのに苦労するのではないかと心配している。

小村外務大臣は、稲垣特命全権公使宛の1904年（明治37年）2月15日付送第3号信「暹国留学生修学進歩ノ状況報告書送付ノ件」で、文部大臣からの書簡写を送付している。

第1回の留学生修学状況報告は、男女学生を対象としたものであるが、第2回以降は、男女別々に報告が行われているので、個別に分析していく。

3．女子留学生の修学状況

⑴ 1904 年（明治 37 年）1 月～6 月

　久保田文部大臣は、小村外務大臣宛に 1904 年（明治 37 年）7 月 20 日付文部省文書課辰直普 123 号で、同年 6 月末までの女子留学生の修学進歩状況を報告している[12]が、要点は以下のとおりである。

　修学進歩の状況については、従来日本語教育に重点が置かれていたが、4 名とも日本語は通常の談話、読み方、作文、書き方に問題がないので、同年 2 月 1 日より専門的技芸の習得に重点を移し、4 名の学識、才幹を考慮して、刺繍と造花の 2 グループに分けている。

　刺繍は、ピット、ジョン両名に専修の課業として課し、約 3 カ年の修業で卒業の見込みとする。6 月末までの両名の成績は佳良である。

　造花は、リー、ヌワン両名に専修させ、約 3 カ年で卒業の見込みである。両名の成績は稍良である。

　将来の見込みについては、2 月から各人の才幹に応じて専修の学科を個別に定めたので、同一の成績は望めないが、専修科目については各々所定の目的を達することができるであろう。殊に 4 名とも来日以来満 1 年を経過し、身体も壮健であり、日本の風土にも慣れ、また、日本の習慣も理解してきたので、今後学習上好都合の状況になってきている。

　寄宿舎の状況について、宿舎は、本郷区弓町 1 丁目 25 番地にあり、女子高等師範学校生徒監喜多見佐喜及び同校教諭雨森釧両氏は、4 名と寝食を共にし、監督する責任を負っている。また、女子学生 4 名は、朝 5 時半起床、6 時半に朝食をとり、7 時半から午後 4 時まで通学、午後 5 時に夕食、寝るまで自習、9 時に就寝となっており、宿舎内で、日本の女礼式、編物、生花、茶の湯等の教育を受けている。4 名は、ようやく日常の習慣となって時間を守るようになったが、前年は規律がとれず、監督者は、非常に苦労した。昨

今は、毎朝起床すると各自分担して室内の掃除整頓をし、洗面等を行い、監督者と食事を済ませて登校している。午後4時帰舎後茶菓を喫し、5時までは各自随意の行動をとり、夕食後暫時運動の後入浴する。午後7時から自習し、9時に終了する。

宿舎内での授業は、土曜、日曜の両日に約3時間行われ、休日には、雨天でなければ監督者の引率のもとに市内の名所その他を散策し、あるいは、教師の自宅を訪問している。前年の冬季休暇は、日数が少なかったため宿泊旅行を行わなかったが、夏季休暇には、約60日間鎌倉海岸へ避暑に行った。

健康については、4名とも身体は至って健康であり、前年5月以降現在まで、リーとヌワンの両名が1月末に風邪に罹り、リーは3日間、ヌワンは1日それぞれ学校を休んだだけで、その他は病気で学校の授業を欠席したことはない。

小村外務大臣は、稲垣公使宛に同年7月26日付第38号信「暹国留学生修学進歩ノ状況報告書送付ノ件」で前述の文部省文書課辰直普123号信写を送付している[13]。

(2) リーの素行問題

駐タイ特命全権公使稲垣満次郎は、1904年（明治37年）10月17日に、外務大臣男爵小村寿太郎宛に、公信第74号「在本邦暹国女学生ノ一人ニ関スル件」を送付し、日本に留学中のタイ人女子学生リーの素行問題について、タイ外務次官から解決方依頼があったので、日本側でしかるべく対応してほしいと要請している[14]。概要は以下のとおりである。すなわち、

①リーは、元来性格が頑固で教師の言うことをきかず、つねに我が儘に振舞っているとして、最近他の女子学生が連名で皇后陛下に密告した、
②皇后陛下は、リーに改悛の見込みがないならば召還の上厳しく懲戒を加えるしかないが、もう一度訓誨を与えてほしいと、すでに駐日タイ公使

にも訓示して説諭させることになっている、

③タイ外務次官が公使館に来訪し、稲垣自身からも、リーの監督者が皇后
　陛下の意を体して懇ろに教え諭すことを、本省へ上申してほしいと依頼
　があった、

というものである。

　同年 12 月 20 日に文部次官木場貞長は、外務次官珍田捨巳宛に、監督者
である高嶺秀夫からの回答書写を送付している[15]。回答書の概要は以下のと
おりである。すなわち、

①篤と訓諭を加えたところ、リーは、今後は十分改悛する旨申し出た、

②暹国女子学生に関しては、毎年 2 回定期報告のほかに臨時の事情が生
　じた場合には、高嶺から報告するので、女子学生から直接上奏に及ぶよ
　うな場合は採用しないように、タイ当局へ伝達願う、

③今回学生達が上奏に及んだ相互間の関係等について、それぞれ取り調べ
　た結果、事実においては相違なかったが、学生の身分として仲間の私事
　に関して直接上奏するようでは弊害を生じやすくなることから、リー以
　外の 3 名の学生にも相当の訓戒を加えておいたのでご承知の上しかるべ
　く取り計らい願う、

というものである。高嶺の対応は、教育的見地に立った妥当なものであった
と言える。

　小村外務大臣は、稲垣公使宛に、同年 12 月 21 日付送第 57 号信「在本
邦暹国女学生ニ関スル件」で、当該回答書写を送付している[16]。

(3) 1904 年（明治 37 年）7 月～12 月

　久保田文部大臣は、小村外務大臣宛に 1905 年（明治 38 年）1 月 23 日

付巳直普3号信「第3回暹国留学生中女生ノ修学状況報告」で、前年7月から12月までの女子学生の修学状況を報告している[17]。

　修学進歩の状況について、科目別にみると、刺繍については、ピットとジョンの専修科目で、両名とも成績は佳良である。また、造花は、リーとヌワンの専修科目で、成績は共に良である。

　寄宿舎の状況並びに健康については、以下のとおりである。

①寄宿舎が7月に東京市本郷区春木町3丁目25番地へ移転した、
②生花は、刺繍及び造花に直接関係するので、毎週全員に稽古をさせているが、成績は良好である、
③本年の夏期休暇は30日間で前年の半分であるが、休暇中は千葉県下千葉町海岸へ避暑に行き、現地でも毎日時間を定めて一般正課の復習及び日本語の学習に従事している、
④寄宿舎内においては、監督者の言いつけを守り勤勉である、
⑤4名とも身体は至って健康であり、今回は病気で欠席することは1日もない、
⑥しかし、ヌワンとリーは、頑固、怠惰、不従順、多弁等のため、数回説諭を受けたが、とくに、リーは、懲戒のため5日間停学したことがあった、
⑦日曜日や休日には監督者が引率して、従来同様市内を散歩するとか教師の自宅を訪問するなどしている。

(4)　1905年（明治38年）1月～6月

　久保田文部大臣は、臨時外務大臣伯爵桂太郎宛の1905年（明治38年）8月4日付直普205号信「第4回留学生中女生ノ修学状況報告」で、同年1月から6月までの女子学生の修学状況を報告している[18]。

　修学進歩の状況について、ピットとジョンの専修科目である刺繍については、両名とも成績は良であり、リーとヌワンの専修科目である造花について

第 4 章　タイ皇后派遣学生の日本留学　**125**

は、両名とも成績は可である。

　将来の見込並びに健康については、

　①４名の各学科における学力は、ピットが第１位で、ジョンがこれに次ぎ、
　　大差がついて、リーが第３位で、ヌワンが最下位である、

　②各学生の品行について、前回の報告と比較すると、概して明らかに良く
　　なっているが、ヌワンに多少怠惰なところがあることと、リーに多弁で
　　不従順の傾向があることは未だ十分ではない。しかし、このために両名
　　が将来に見込みがないという程でもないので、時々訓戒を与えて矯正に
　　尽力している、

　③ピット、ジョン、ヌワンの３名は、身体の発育が良く、当期に、病気
　　を理由に欠席したことはないが、リーは、耳の病気で１週間欠席したが、
　　それ以外に欠席はない、

ということである。

　寄宿舎に於ける状況について、寄宿舎内での教科のうち造花、茶の湯等に
ついては４名とも成績が向上している。

　文部省の修学状況報告に記載がないが、同時期の教育関係誌には、「暹羅
留学生の近況」と題して、当該女子学生４名が製作した造花と刺繍が日本
の皇后陛下のご覧に供されたと報じられている。また、女子高等師範学校か
ら献上された学生達の書簡文等について、いずれも言文一致体であるが言語
もほとんど日本人と同じ程度まで上達していると評価している。ジョンと
ピットは刺繍を、ヌワンとリーは造花をそれぞれ練習しており、その成績は
いずれもなかなか見事で、時々本国の宮廷へもその製作品を送献しているが、
同国皇后陛下も非常に満足され、時折遥々奨励の言葉を賜っているようであ
ると述べている[19]。また、４名が在籍した女子高等師範学校の六十年史には、
諸留学生は在学中学業に手芸にその成績が著しく進み、大いに見るべきもの
があるに至ったので、1905 年（明治 38 年）４月 14 日に高嶺校長は、皇后

陛下のご覧に供するため、作文4箇、図画8綴、刺繍9箇、造花4箇、写真4枚を皇后宮職に持参した、という記述がある[20]。

タイの女子留学生の教育指導に関して、高嶺校長以下関係者の並々ならぬ努力が着々と結実していっていることが理解できる。

(5) 1905年（明治38年）7月～12月

文部大臣侯爵西園寺公望は、外務大臣加藤高明宛に、1906年（明治39年）2月5日付直普12号信で、「第5回暹国留学生中女生ノ修学状況報告」を送付し、女子学生4名の1905年（明治38年）7月から12月までの修学状況について、学科及び時間等は概要前回と同様であるが、4名とも進歩の状況を示していると報告している[21]。

修学進歩の状況について、日本語は、文部省編纂の尋常小学読本第8全部を修了し、4名とも平常の談話については、自由に談話し、理解できる程度になっている。

寄宿舎内の状況については、前回報告と同様であるが、各自は日々の日課を怠ることなく、結髪は全くひとりでできるようになり、洗濯も小さいものは自分でできるようになっている。

修学旅行の状況について、①夏季休暇中の8月6日から29日まで、寄宿舎取締の喜多見佐喜と雨森釧両氏が監督、同伴して、京都、大阪、奈良、神戸、明石、松島に旅行している。京都には1週間滞在して、名所・旧蹟は勿論のこと、女学校、陶磁器製造試験所、染織学校、西陣織工場、模範工場西村、飯田商店の刺繍工場を見学して、4名は得るところが非常に多かった。大阪では、名所及び市街を見物し、造幣局では特別に案内してもらい、銀貨の製造を見学した。明石で4日間静養して、24日に帰京した。25日に松島に旅行し、8月29日に帰京した。京都で日本の工業の発達が著しいのを知り、とくに、刺繍科の生徒であるジョン、ピットの両名にとっては大いに励みになっている。②11月初旬に日光へ修学旅行を行い、日程3日間で山中の景

色実写を目的としたが、ピット、ジョンの両名は数種の写生画を製作している。

加藤外務大臣は、1906年（明治39年）2月9日に駐タイ田邉代理公使宛に送第6号信「暹国留学生修学ノ状況ニ関スル件」で文部大臣からの報告書写を添付して状況を報告している[22]。

⑹　1906年（明治39年）1月〜6月

文部大臣牧野伸顕は、外務大臣子爵林董宛に1906年（明治39年）8月4日付午直普326号信を送付し、「暹国留学生中女生ノ修学状況」として同年1月〜6月の修学状況を報告している[23]。

修学進歩の状況について、ジョン、ピット、ヌワンの3名は学業、品行とも漸次進歩しつつあるが、リーは行状が悪く、いくら訓戒を加えても改悛の状況が見えず、駐日タイ国公使も時々訓戒を与えるが効験がない。同国公使の依頼もあり、6月11日よりリーだけ授業を停止して寄宿舎に謹慎させた。同国公使からリーの帰国を検討する旨申し出があったので同意を表しておいた。

日本語について、進度は益々良好で、教室で講義を聴いたり、一般の日本人と談話したりすることには差し支えないところまで上達している。

寄宿舎その他に関する状況については、要約すると以下のようになる。

①日課について、時間割、起床・就寝、衣食等は、いずれも各自よく業務に励み、身体益々健康である。
②行状について、年長者の命令を守り、順良信愛の徳を養成し、朋友及び男女間の交際についてはとくに注意して過ちのないようにしている。4名中リーだけは、この養成の目的に沿っていない。性質が執拗、多弁で、時々乱暴な挙動をなす。つねに猥に男女間の交際を慎むべき所以を訓戒しているにもかかわらず、日本在留のタイ人男子学生と書面の往復をなし、監督教師から注意を受けると、怒るか泣くかほとんど通常人はなし

えない行為をなす。このために、他の3名との交情を欠き互いに反目することがある。このような有様では、むしろ他の3名の教育上影響が少なくないことから、遂に在日タイ公使と協議し、帰国もやむをえないと決定した次第である。

③祝祭休業日には、監督教師が引率して、各製造所等を見学し、修学の材料に供したり、あるいは、野外遠足等を企画して心身をリフレッシュしたりしている。その他、指導者は、4名を女子高等師範学校生徒が開く祝賀会には努めて出席させ、知らず知らずのうちに日本の国情を知らしめる方針をとっている。

(7) 1906年（明治39年）7月〜12月

牧野文部大臣は、林外務大臣に1907年（明治40年）2月1日付未女普5号信で、当該期におけるタイ人女子留学生3名の修学状況を報告している[24]。

修学進歩の状況については、3名とも学業、操行が次第に進歩してきており、来る1907年（明治40年）3月末を以て各学科とも授業を終了し、直ちに帰国させる予定である。

寄宿舎その他に関する状況について、7月21日から8月20日までの30日間の夏季休暇を利用して、監督教師2名の引率のもとに避暑旅行を行っている。箱根、静岡、武州金沢等の山間または海岸等の景勝地、史蹟を探訪している。殊に、武州金沢では、日本歴史上の古跡である有名な金沢文庫のあったところに宿泊し、ほとんど3週間にわたり、海水浴等を行っている。

林外務大臣は、1907年（明治40年）2月6日に駐タイ田邉臨時代理公使宛に送第1号信「暹国留学生修学状況通報ノ件」を送付し、文部大臣からの修学状況報告を通知している[25]。

⑻　学業修了および帰国

　牧野文部大臣は、1907 年（明治 40 年）4 月 8 日に林外務大臣宛に、未女普 18 号信を送付し、女子高等師範学校に在学したタイ人女子学生 3 名が 3 月 30 日を以って学業を修了し、当該校より証明書を授与されたので、しかるべく取り計らい願うと伝達している。

　証明書には、ジョン、ピット、ヌワンそれぞれの名前が明記され、「右ハ本校特設ノ普通学科ヲ修了シタリ依リテ茲ニ之ヲ證明ス　明治 40 年 3 月 30 日　女子高等師範学校」と記されている。なお、刺繍、造花は、私立共立女子職業学校で課程を修了しているが、刺繍について、ジョンは 33 人のクラス中第 1 位、ピットは第 2 位と、造花について、ヌアンは 25 人のクラス中第 8 位 [26] と、いずれも優秀な成績で卒業している。

　林外務大臣は、同年 4 月 13 日に駐タイ田邉代理公使宛に送第 7 号信「暹羅国女生ジョン外 2 名学業修了ノ件」を送付し、女子学生 3 名が学業修了し、証明書を授与されたので、しかるべく取り計らい願うと伝達している。

　1903 年（明治 36 年）5 月に来日した女子留学生 4 名のうち、1906 年（明治 39 年）9 月に帰国したリーを除いて、ジョン、ピット、ヌワンの 3 名は、1907 年（明治 40 年）3 月に無事学業を修了し、帰国することになった。

　女子留学生 3 名の帰国に際し同伴者がいないため、女子高等師範学校長からの申し出により、同年 4 月 22 日に外務次官珍田捨巳は、駐日タイ公使館宛に、同伴者として相応の人物を選定してほしいと要請している。これに対して、駐日タイ公使館書記官チャイ・プラパーは、5 月 21 日に珍田外務次官宛に、ウィニフレッド、ルース・スクワイヤ両嬢が、女子学生に同伴して、同月 29 日に鎌倉丸でバンコクに向けて出発すると通知している。

　チャイ・プラパーは、珍田外務次官宛の同年 8 月 1 日付書簡で、皇后陛下は、引き続き修学中の男子学生について、彼らの進歩の状況を知りたい意向であるので、3 カ月毎もしくは 6 カ月毎の報告書および費用精算書を送付しても

らうように、学生の在学学校の当局者へ依頼してほしいと協力要請している。さらに、後段で、先般スクワイア夫人の同伴で帰国した女学生3名は、無事バンコクに到着していると報告し、日本側の親切に対して謝意を表している[27]。

4. 男子留学生の修学状況

(1) 1904年（明治37年）1月～6月

　文部大臣久保田譲は、外務大臣男爵小村寿太郎宛1904年（明治37年）8月1日付文書課辰雑第92号信で、「暹国留学生修学状況第2回報告」として、タイ人男子留学生4名の修学状況を報告している[28]。

　学科教授の状況について、同年3月迄は、従来の教授科目等を継続し、学生の進歩に応じて多少参酌を加えている。重要なことは、日本語を早く上達させ、必須の学科を修得させることである。また、将来入学すべき学校について、タイ政府も学生自身も工芸の修得を希望しているので、高等工業学校入学が最適と考えているが、現在の工芸は、精緻な実験科学の応用であって、女子の単なる手工の技を学ぶ類とは大いに異なるため、その教育を受けるには是非とも普通学の素養を持たなくてはならない。とくに、高等工業学校に入るには中学校卒業の資格を要するので、同年4月以降、予備教育を行う方針をとり、事情の許す限り教員を増員し、新規に数学、化学、物理、用器画等の学科をも授けることとなった。

　学業進歩の状況について、教育主任者は、授業の際もその他の時間においても、できる限り心配りと注意とを心がけたので、留学生の学業は漸次進歩の跡が認められるが、自習勉強の力が稍不足していることを監督者は密かに心配しており、この点について注意と奨励とを怠らないように努めている。

　健康の状況について、食事は、今はほとんど日本食で差し支えない状態になっており、4名とも身体の発育は良好で、至って健康である、と述べている。

第 4 章　タイ皇后派遣学生の日本留学　　131

　小村外務大臣は、駐タイ稲垣公使宛に、同年 8 月 16 日付第 40 号信「暹国男子留学生修学状況報告書送付ノ件」で、文部省からの報告書写を添付して、修学状況を報告している [29]。

⑵　1904 年（明治 37 年）7 月〜 12 月

　久保田文部大臣は、小村外務大臣宛 1905 年（明治 38 年）1 月 16 日付雑専 1 号で、「暹国留学生修学状況第 3 回報告」を送付し、タイ人男子留学生の修学状況等を報告している [30] が、主要な点は以下のとおりである。
　修学の状況については、従来の方針を継承して専ら工業学校入学の準備教育に注力し、8 月 5 日まで授業を継続し、同 6 日より 9 月 10 日まで夏季休暇とした。盛夏中約 3 週間、避暑兼見学のため教員が監督して神奈川県片瀬に赴き、毎日海水浴の傍ら海草、魚貝その他日々目に触れる物について実物教授を行った。また、時々、鎌倉その他付近の名所古跡の地に出かけ、古跡に関する歴史を講話して、興味を覚えるなかで自然と見聞を広めさせることに努めた。
　学業進歩の状況について、漢字、漢語の学習に困難が多いため、日本の学生のように一時に多くを教えることはできない。従って、いずれの学科も進歩が遅くなりがちである。しかしながら、徐々に日本語が上達し、漢字の記憶も増加することによって、各科の進歩も以前に比べて大いに早くなっている。
　学生各個人についてみれば、その性質及び以前の学歴等によって、それぞれ多少異なっている。語学の才能においては、ポーイが最も秀でており、絵画においては、ボーンが独り特出しており、他の 3 名は遥かに及ばない。日本語を実際に話すことは、サームを第一とし、謹直と勉強においては、チャルンを第一とする。
　衣食及び健康について、服装は、当初は専ら洋服のみであったが、家にいるときは、日本服は便利であると好んで日本服を着るようになり、夏季以降

外出時以外は、多く日本服を着用している。

　最も運動を好み、最も健康であるのはサームとチャルンである。ポーイは、性質上遊びや運動の類を好まず、身体の発育も他に比して良好とは言えないが、健康においては、第3位にある。ボーンは、4名中で最も虚弱であり、しばしば医薬を使用する。

　小村外務大臣は、駐タイ稲垣公使宛に、1905年1月20日付送第6号信「暹国留学生修学状況報告の件」で、前述の文部大臣からの報告書写を送付している[31]。

(3)　1905年（明治38年）1月〜12月

　文部大臣侯爵西園寺公望は、外務大臣加藤高明宛に、1906年（明治39年）1月25日付雑専3号信で、「暹国留学生修学状況第4回報告」を送付している。この報告書の中で、1905年（明治38年）1年間については、前例に依らないで、第1期は、同年1月から8月までとし、第2期は、同年9月から12月までとして、それぞれ修学状況を報告している[32]。

　a. 第1期1905年1月〜8月

　学科教授の状況について、当該期間においては、前年に引き続き留学生に高等工業学校入学の準備教育を実施するという方針で授業を行っている。学科、1週間の授業時間、及び受持教師については、理科の物理3時間、化学3時間、及び数学の算術4時間は、藤井芳信が担当し、数学の代数3時間、国語の読本4時間、書取1時間及び作文2時間は、池信秀丸が、国語の会話2時間及び英語の英文和訳2時間は、宝閣善教が、また、図画の自在画2時間及び用器画2時間は、小倉要が、それぞれ担当している。

　夏期旅行及び健康の状況については、8月6日から、留学生は、監督者に伴われて栃木県塩原温泉に赴き、2週間同地に滞在し、毎日午前中は2時間ずつ化学および数学の授業を受け、午後は、温泉、渓流での水泳、水浴をし

たり、山河を跋渉して植物採集をしたりして、見聞を広め、健康を増進させ、心身ともにためになっている。塩原から東京に戻った後、8月21日から神奈川県片瀬に行き、1週間同地に滞在して海水浴を行っている。4名とも身体の発育が良好であり、至って健康である。

b. . 第2期 1905年（明治38年）9月～12月
　男子留学生4名のそれぞれの進路について、進学先は高等工業学校が最適であると考えて、当該学校へ入学させる目的で準備教育を実施し、7月までに概ね終了したが、東京高等工業学校では、同時に4名の留学生を収容できないという事情である。また、タイ政府が指定した8種の技芸中、絹布麻布の製造法は当該校の染織科において、磁器の製造法は窯業科においてそれぞれ授業を受けることができるが、蒔絵の技術に至っては、当該校の漆工科においてはただその一端を教えるだけなので、むしろ美術学校に入学する方がよいし、また、製紙術に至っては、適当な学校が見当たらないので、監督等はさらに協議し、製紙術に代わるものとして、日本美術で特に習得の価値があると思われる金銀装飾品及び七宝焼の技術を学ばせることにした。各留学生の希望、性質、特長等を参酌して、入学すべき学校及び学科を以下のとおり選定したが、学生達は皆喜び、同意したので、それぞれ交渉を纏めた。サームは、高等工業学校の織染科機織分科に、ポーイは、同校の窯業科に、ボーンは、東京美術学校の漆工科に、チャルンは、同校の金工科に、それぞれの技術習得を目的として入学することになった。4名の留学生は、本年9月以降各所定の学校に入り修学の途についた。
　各留学生の修学状況については以下のとおりである。
　漆工科生ボーンについて、東京美術学校の課程は、予科1学期、本科4年、卒業制作2学期で、総計5年間であるが、予科は4月から7月までの1学期間であるので、ボーンは、予科を修めずに、9月に直接本科に入学している。1週間の授業時間数は、蒔絵18時間、調漆法10時間など合計38時間で、毎朝8時半から午後3時又は4時まで授業がある。ボーンは、英語の時間

を蒔絵の実習に繰り替えている。ボーンは、9月11日始業以来毎日登校して、一日も欠席したことがない。

金工科生チャルンについて、東京美術学校金工科の学科目及び1週間の授業時間数は、塑像9時間、彫金9時間、鍛金11時間など合計39時間で、チャルンの登校及び終業時間は、ボーンのそれと同じであり、入学以来欠席していないこともボーンと同じである。

外国語は、英語、フランス語のどちらを学ぶかは学生の任意であるが、チャルンは、フランス語を選択し、さらに、学校以外でも、九段下の仏語教授所に毎週3時間ずつ通学している。

機織分科生サームについて、高等工業学校の課程は、本科3カ年で、学期は毎年9月から始まるが、サームは、織染科の1分科である機織科に入学した。本科では、毛布、綿布の製造及びこれに必要な学術を教えることを目的としている。第1年第1学期の学科目及び1週間の授業時間数は、物理4時間、化学4時間、製図5時間、実習7時間など合計37時間で、毎週午前8時に始まり、午後3時又は4時に終わる。サームは、9月11日以来、病気欠席2日、事故欠席1日以外は登校している。

工場実習においては、主に手織機の織り方を課し、各々交代で2、3尺ずつ実地に練習する。

英語及び体操の履修は、外国人には随意に任せているので、サームは、この時間を実習に充てている。

窯業科生ポーイについて、学年学期等はサームと同じであるが、窯業科は、陶器、磁器及び煉瓦、硝子の製造法及びその学理を教授することを目的として、第1年では、陶器及び磁器の製作実習を主とし、これに付随して、他の学科目を課している。ポーイは、9月11日以来、病気欠席が4日あっただけで、その他は毎日登校している。学科目及び1週間の授業時間数は、化学4時間、物理4時間、製図6時間、実習13時間など合計38時間である。

工場実習は、模型及び雛形製作を毎週4時間、実物製作を毎週9時間として、実物では、皿3枚、コップ2個、茶碗5個を造り、現在は、粘土の

焼度実験を行っている。

英語及び体操の時間を実習と繰り替えていることは、サームの場合と同じである。

4名ともその実習における成績は、日本人学生と比較して、それほど劣るところは見当たらない。従って、今後時間の経過につれて相当の技術を習得するであろうと見込まれている。しかし、学科においては、準備教育の年数が短少であったため、日本人学生とは比肩できない。故に、監督者等は、今後この方面の知識不足を補うように努めることにしている。入学以来から学校で疑問に感じたことは、質問させ、一つひとつ教えて説明を加えている。東京美術学校は、学科の程度もあまり高くなく、修業年限も長いので、学科を習得するのに困難ではないが、高等工業学校は、学科目が多く、程度が高く、修業年限がわずかに3年ということで、学科の習得は非常に困難な点があることから、高等工業学校に入った者は、3年の後なお1年間在学させて補修する必要があるであろう。

ボーン等は、年齢が若いためか日本の一般学生に比べて自習を疎かにする傾向がある。監督等は、つねにこの点を注意しているが、本国からの手紙のなかで、都度この点を注意してもらうことは、本人たちにとって非常に有益であろう。

衣食及び健康の状況について、食事は、近頃ではほとんど日本食に慣れたというが、副食物には肉類を好んで、魚類を避けるために、料理に変化が少なく困難を感じている。

服装は、室内では一年中日本服を着用するので調製にはいくらか便利になったが、外出には専ら洋服を着用して、上等の生地を望むために、費用が嵩み、支出金額に制限を設けざるを得ない状況に至っている。

目下、4名とも至って健康で、身長が著しく増加し、洋服は悉く新調しないと着用できない状態である。

ポーイは、従来胃弱であったが、この夏に健胃剤を1カ月程服用させたことにより、以来非常に善良に向かい、食事量も他の3名と同等になった。

サームは、本年 4 月に感冒で 3 日間病床に就いたが、医師の来診 3 回で解熱し、5 日間で全快した。10 月に入ってまた感冒で 2 日間学校を休んだ。ボーンは、7 月に腸カタルで下痢をしたが 2 日で止まった。結膜炎で 2 回専門医の治療を要請した。チャルンは、最も健康で一度も医薬を必要としなかった。ただ、顔面に腫れ物ができたことがあっただけである。

　加藤外務大臣は、駐タイ田邉代理公使宛に 1906 年（明治 39 年）2 月 8 日付送第 5 号信「暹国留学生修学状況報告ノ件」で、文部大臣からの報告書写を送っている [33]。

5．報告書の送付要請

　1907 年（明治 40 年）8 月 1 日に駐日タイ国公使館書記官チャイ・プラパーは、外務次官珍田捨巳宛に書簡を送り、タイ国皇后陛下が日本に留学中の男子学生 4 名の修学進歩の状況を引き続き把握したいご意向なので、3 か月毎或いは 6 か月毎の学業成績に関する報告書並びに費用精算書を駐日タイ国公使館に送付するように当該留学生の在学学校の当局者へ依頼してほしい、と要請している [34]。

　これに基づき珍田外務次官は、文部次官に同年 8 月 8 日付送第 93 号信「暹羅国留学生研学状況報告方依頼ノ件」で、駐日タイ国公使館書記官からの書簡の訳文写しを添付して照会している。

　修学状況報告書の送付要請は、タイ人留学生が来日した直後の 1903 年（明治 36 年）7 月 1 日に駐日タイ公使ラージャ・ヌプラバンから小村外務大臣宛の書簡においてなされたのが最初であるが、4 年後の今回の要請は、書記官チャイ・プラパーから珍田外務次官宛のものであった。4 年間の定期報告の実績から、書簡の授受も次官級へと簡略化された。

　4 年前も駐日タイ国公使館宛に送付する旨の要請であったが、外務省は、当初から、駐タイ日本公使宛に報告書を送付していた。しかし、今回の要請以降、外務省は、要請どおりの対応をとり、駐タイ日本公使宛には報告書を

送付していない。

　文部次官澤柳政太郎は、1907 年（明治 40）年 9 月 9 日付未発専 127 号信で、珍田外務次官宛に留学生修学状況報告を送付しているが、外務次官は、同年 9 月 13 日に、チャイ・プラパー書記官宛第 20 号信「暹羅国留学生研学状況報告書送付ノ件」で、文部省からの修学状況報告書を写しも取らずにそのまま送付している[35]。外務省史料として当該報告書は残っていない。また、これ以降、修学状況報告に関する史料は、外務省史料のなかで確認することができない。なぜこのような状況になったのかについては、次のようなことが考えられる。

　第 1 に、当該留学事業については、タイ人学生男女各 4 名が来日したが、すでに、女子学生は帰国しており、事業規模が縮小していたことから、外務省にとっては、その重要性が低下していたものと考えられる。

　第 2 に、当該留学事業は、その発端からタイ側主導で開始されたもので、日本の外務省は、文部省などに対する取り次ぎ役の機能しか果たしていなかった。それでも、稲垣満次郎が駐タイ公使としてタイ王室に対して存在感を発揮していた時期は、外務大臣名で駐タイ公使宛に、文部省から入手した「修学状況報告書」の写しを確実に送付していた。しかし、稲垣が日本へ帰国した後は、報告書送付の意義が希薄化したものと考えられる。

　同時期に来日した女子留学生の場合と比較して、男子留学生に関する研究がきわめて少ない[36]のは、研究の対象となる史料が少ないということがその一因であると考えられる。

第 3 節　日本側の対応とその背景

　当該留学事業に関して、タイ人留学生の日本での留学生活については前述のとおりであるが、日本側は、各局面において誠心誠意に対応したと言うことができる。

日本側の対応について主なものを列挙すると以下のとおりである。

①文部省は、高楠順次郎を男子留学生の、高嶺秀夫を女子留学生の、それぞれ教育監督に任命し、さらに、宝閣善教及び喜多見佐喜をそれぞれの教育責任者に充てるなど、留学生受け入れ体制に万全を期した。
②教育責任者は、寝食を共にするなど、親身になって面倒を見た。
③男子留学生の進路に関して、各人の希望、性質、特長等を斟酌して、入学すべき学校及び学科を選定し、学生達に喜ばれた。
④夏期休暇には、教育責任者が引率して、女子の場合、鎌倉、京都、奈良、大阪、神戸、明石、松島、箱根、静岡、金沢文庫などに、また、男子の場合、鎌倉、片瀬、塩原温泉などに、それぞれ修学旅行を実施した。

　日本側がそのような対応をとった背景には、いかなる要因があったのかを以下に分析する。
　第1に、当該留学事業は、タイ皇后の意思によるものであり、皇后から日本政府に対して留学生の修学状況に関する定期的な報告の要請があったことが、その直接的な要因として挙げられる。日本側は、皇后の要請に応えて、定期的に修学状況を報告する以上、内容が伴ったものでなければならないと、現実の指導面においても、自ずと精一杯の対応を図ったものと考えられる。
　第2に、駐タイ公使稲垣満次郎が日本政府に、自分が日本への留学生派遣を皇后に上奏したので、できるだけ便宜を図ってほしいと要請していること、および、稲垣公使自身が、一時帰国中に、菊池文部大臣をはじめ教育関係者に協力を要請するとともに留学生8名を新橋で出迎えていることなどが、その要因として挙げられる。日本文部省は、タイ王室の信頼を得ている稲垣公使の立場を考慮し、なおかつ文部省の立場を考慮に入れて積極的な対応を図ったと考えられる。
　第3に、間接的な要因として、ワチラーウット皇太子の来日を挙げることができる。皇太子が、日本滞在中に、日本皇室から懇篤な待遇を受けたこ

とや大勲位菊花大綬章を贈与されたこと、あるいは日本各地を訪問して見聞を広めたことなどが、連日新聞に報道されて、タイ（当時は、シャムあるいは暹羅）の名前を日本国民に周知させた効果は大きいと言える。また、雑誌『教育界』第2巻第4号に掲載された「シャム皇太子殿下御一行」の写真は、読者及び関係者に一層親近感を与えたものと考えられる。さらに、皇太子奉迎のために来日したタイ文部次官及び文部省係官が、日本文部省から日本の教育制度等を聴取したり、学校などの教育施設を視察したりして、日本の教育の実情を調査したことは、日タイ教育関係において、日本側がタイに協力するという意識を醸成させる要因になったと考えられる。日本側には、タイ留学生に対して好意的に対応するという精神的な素地ができていたと言うことができる。

　以上のように、日本側の「関係教官の直接・間接の努力は一通りでなかった[37]」と言われるような対応の背景には、①タイ皇后から日本側への留学生

「シャム皇太子殿下御一行」雑誌『教育界』第2巻第4号より

修学状況報告要請、②駐タイ公使稲垣満次郎の働きかけ、③ワチラーウット皇太子の来日およびそれに付随するタイ文部次官等の日本の教育実情調査、の3点が主要な要因として存在する、と言うことができる。

小結

　駐タイ公使稲垣満次郎は、1903年（明治36年）1月に、小村寿太郎外務大臣宛の書簡で、タイのサオワパーポーンシー皇后が、男女学生各4名を本邦へ留学させる予定であり、この件は、前年11月17日の国王陛下即位記念祭の時に、稲垣自身が皇后へ上奏してあったことに基づくものであるので、便宜供与をお願いすると要請した。これに基づき日本側は、文部省が主体的にタイ人留学生の受入れについて対応した。
　主なものとして、

①文部省は、高楠順次郎を男子留学生の、高嶺秀夫を女子留学生のそれぞれ教育監督に任命し、さらに宝閣善教及び喜多見佐喜をそれぞれの教育責任者に充てるなど留学生の受入れ体制に万全を期した。
②教育責任者は、寝食を共にするなど、親身になって面倒をみた。
③男子留学生の進路に関して、各人の希望、性質、特長等を勘酌して、入学すべき学校及び学科を選定し、学生達に喜ばれた。
④夏期休暇には、教育責任者が引率して、修学旅行を実施した。

等が挙げられる。
　日本側がそのような対応をとった背景には、以下の要因があったと考える。
　第1に、当該留学事業は、タイ皇后の意思によるものであり、皇后から日本政府に対して留学生の修学状況に関する定期的な報告の要請があったことが挙げられる。

第4章　タイ皇后派遣学生の日本留学　**141**

　第2に、当該留学事業に対する稲垣公使の働きがけが挙げられる。稲垣公使は、自分が日本への留学生派遣を皇后に上奏したので、できるだけ便宜を図ってほしいと日本政府に要請していること、および、稲垣公使自身が一時帰国中に、菊池文部大臣をはじめ教育関係者に協力を要請するとともに留学生8名を新橋で出迎えていることなどが挙げられる。

　第3に、間接的な要因として、ワチラーウット皇太子の来日を挙げることができる。皇太子が、日本滞在中に、連日新聞に報道されて、タイ（当時は、シャムあるいは暹羅）の名前を日本国民に周知させた効果は大きいと言える。

注

1　外務省記録 3-10-5-0-4-1「各国ヨリ本邦ヘノ留学生関係雑件　暹国ノ部」。
2　同上書。
3　同上書。
4　同上書。
5　プラヤー・ピパット・ゴーサーから稲垣公使宛の 1903 年 3 月 21 日付の書簡には、小村外務大臣に対する深謝とともに、皇后が稲垣公使と夫人に感謝している旨記述されている。外務省記録前掲参照。
6　外務省記録前掲 3-10-5-0-4-1。
7　『教育公報』第 272 号、帝国教育会、1903 年 6 月、24 － 25 頁、『教育時報』第 653 号、開発社、1903 年 6 月、38 頁、および『教育界』第 2 巻第 9 号、金港堂書籍、1903 年 7 月、111 － 113 頁参照。
8　『教育公報』第 272 号、帝国教育会、1903 年 6 月、36 頁。
9　『教育時報』第 653 号、1903 年 6 月、38 頁、『教育公報』第 272 号、1903 年 6 月、36 頁、および『教育界』第 2 巻第 9 号、1903 年 7 月、139 頁参照。
10　外務省記録前掲 3-10-5-0-4-1。
11　同上書。
12　同上書。
13　同上書。
14　同上書。
15　同上書。
16　同上書。
17　同上書。

18 同上書。

19 『教育時論』第726号、開発社、1905年6月、34 - 35頁、および『教育界』第4巻第9号、金港堂書籍、1905年7月、115 - 116頁。

20 『東京女子高等師範学校六十年史』、第一書房、1981年、110頁。

21 外務省記録前掲 3-10-5-0-4-1。

22 同上書。

23 同上書。

24 同上書。

25 同上書。

26 前掲『東京女子高等師範学校六十年史』、108頁。

27 外務省記録前掲 3-10-5-0-4-1

28 同上書。

29 同上書。

30 同上書。

31 同上書。

32 同上書。

33 同上書。

34 同書簡末尾で、過般タイへ帰国した女子学生3名が無事バンコクに到着したこと、及び日本側の親切に謝意を表するということが述べられている。外務省史料前掲 3-10-5-0-4-1 参照。

35 同上書。

36 東京美術学校で修学したボーンとチャルンについては、吉田千鶴子『近代東アジア美術留学生の研究―東京美術学校留学生史料―』（ゆまに書房、2009年）に記述がある。

37 『東京女子高等師範学校六十年史』、第一書房、1981年、109頁。

第5章

矢田部保吉と伊藤次郎左衛門

矢田部保吉は、絶対王政末期の1928年から特命全権公使としてタイに駐在し、1932年の立憲革命を経験し、1936年に離任帰国するまで、新政府との外交交渉を通じて新興国タイの政治的・経済的・文化的水準の向上に協力するべく尽力した。「招致留学生奨学資金制度」（以下、奨学事業と言う。）は、彼の数多くある業績のうちの一つである。

本章では、矢田部保吉がなぜ奨学事業を発案しその実現に向かって熱心に取り組んだのかを分析・検討し、奨学事業成立の要因を究明する。

また、奨学事業実現に大きな役割を演じたもう一人の主要なアクターである伊藤次郎左衛門ついて、なぜ彼が矢田部保吉の提案に同意し、資金提供をすることになったのか、またその意思決定にどのような要因が作用していたのかを分析・検討する。

まず、第1節で当時のタイ情勢としてイギリスの勢力がいかに強大であったか、第2節では、戦前において、日本外務省が東南アジアとくにタイをどう見ていたのか、第3節では、矢田部公使がタイの現状に何を考え、なぜ当該奨学事業を発案するに至ったのか、第4節では、伊藤家の家訓がいかに伊藤次郎左衛門の社会事業に対する精神的支柱になっていたのか、第5節では、インド仏蹟巡拝旅行が当該奨学事業誕生にどのような影響を与えていたかを検討する。これらの分析・検討から、国際文化事業にとって重要なファクターを抽出するのが、本章の目的である。

第1節　タイにおけるイギリスの勢力

19世紀後半以降欧米列強の植民地と化していた東南アジアにあって唯一独立を維持していたのはタイであった。しかし実態は辛うじて独立していたと言える。インドシナ半島の中央部に位置するタイは、マレー半島とビルマを植民地とするイギリスと、カンボジア、ラオスを植民地とするフランスの

第 5 章　矢田部保吉と伊藤次郎左衛門　145

両国から挟撃される状況にあった。タイは、数度にわたって両国に領土の一部を割譲させられていたし、英仏両国の緩衝地帯としての存在を余儀なくされていた。チャオプラヤ川流域を境界として東側はフランスの、西側はイギリスのそれぞれその勢力範囲とする協定が成立するなど、タイにとって独立の危機に瀕した時期もあった。やがて第一次世界大戦が勃発し、タイは連合国側について参戦し、戦勝国として国際連盟に加盟した。タイの国際的地位は向上し、英仏両国からの軍事的脅威は緩和された。その後、欧米諸国との不平等条約が順次改正され、領事裁判権の撤廃と関税自主権の回復が行われた [1]。

　しかし、内政及び経済面においては、依然として欧米列強の支配が継続していた。タイ政府の欧化政策によって多数の外国人顧問が政府の各行政機関に招聘されたが、イギリスの勢力は圧倒的であった。イギリスは、財政顧問という重要なポストを 1904 〜 41 年の間独占し続けた [2]。また、イギリスは、大蔵、経済、農務三省を掌握するなどほとんどの部門で実質的な勢力を占めていた。経済大臣はタイの資源開発及び経済発展に関する最高諮問機関として経済委員会を組織していたが、その委員の多くは各省のイギリス人顧問が兼任していた。人数においても全体で 130 人の顧問のうちイギリス人は 71 人と半数以上を占めていた [3]。以上からもタイ政府部内におけるイギリスの支配勢力がいかに強大であるか想像し得るが、矢田部保吉の述懐は、それを裏書している。あるパーティーで矢田部は、休暇で帰国する外国人顧問に、休暇中の代務は誰が行うか尋ねたところ、王族中最高の地位にあって政府の最も有力な人物である大臣を顎で指し示して答えたということである。矢田部は、一顧問の地位にあるに過ぎない外国人が、自分の休暇不在中は大臣がその代理を務めるというようなことを平然と外国の公使に言って憚らないという事実から、外国人顧問の心の持ち方を推測することができるし、外国人の顧問がそれぞれの省においてどのような地位を占めているかを知ることができると述べている [4]。

　タイは内政面において、招聘した顧問を通じてイギリスの支配を強く受け

ていたが、経済面でもイギリスの勢力下にあった[5]。

　タイに駐在する欧米列強の外国人顧問は、タイ国内の経済開発を口実にそれぞれ自国資本の導入競争に奮闘し、タイの資源と権益の確保に注力した。顧問のポスト争奪が政治的問題になるほど列強間の競争は激しかった。その中でイギリスの勢力は圧倒的であった。タイは、国内の開発資金を外資導入に依存せざるをえなかった。その外債の大部分はイギリスのものであったが、イギリスは応募条件として、外債の返還期限が来るまで顧問をタイ政府内に雇い入れることを強要し、さらに同顧問に強力な権限を付与することを要求した。当時財政難に直面していたタイ政府は借入れを実行するためにイギリスの要求を呑まざるをえなかったのである[6]。タイ政府の有する正貨準備（全部金塊）のほとんど全部はイギリスのイングランド銀行に保管されていた[7]。これはあたかも人質同然で、タイはイギリスに弱みを握られていた。また、錫鉱業や林業など国内における農業以外の最重要産業の大部分はイギリス資本の下にイギリス人が経営していた。タイの貿易面でも、輸出入合計金額の70％はイギリス本国及びその植民地や保護領を相手とするものであった[8]というように、イギリスに極めて大きく依存していた。

　タイにおいて強大な勢力を有していたイギリスは、タイの国内開発には積極性を示さずむしろ現状維持に努めていた。イギリス資本は利益の極大化を追求して活動した。この点については、他の列強も同様であった。欧米列強は、タイの経済発展や国力増強を望んでいなかったと考えられる。タイは、独立国であるとはいえ、実質は欧米列強の半植民地と化していたと言えよう。

　日本は、1887年9月にタイと「修交通商ニ関スル日本国暹羅国間ノ宣言」に調印し、外交関係は開かれていたが、過去半世紀に亘って、両国はお互いに無関心で、政治的にも経済的にも極めて関係が希薄であったと矢田部は述べている[9]。また、日本の外務省当局は、タイを閑却すること甚だしく、タイ勤務は外交官が嫌うところであったと矢田部は述べている[10]。当時の日本外交は対支外交が主体であり、それとの関連において対英、対米、対ソ外交が最重要視されていたから、タイについては「3シャを避けるべし」という

第 5 章　矢田部保吉と伊藤次郎左衛門　**147**

ことばに象徴されるように、日本外交の横丁か袋小路と見なされていた[11]。しかし、矢田部は、日本外交の実情を認識しながらも、タイの現地から懸命に情報発信を行い、タイを注目させようと外務省の意識改革に努めていた。

　日タイ両国の関係は、タイの天然資源の開発を中心として密接になっていかなければならない、日本はタイが必要とする資本、技術、経験を貸与する一方、タイは日本に各種の物資を豊富に供給する、という関係になることが望ましい[12]が、日本は、欧米列強に代わってタイに勢力を張るということであってはならないし、どこまでも自主独立の強いタイを育てていくために親切な助けの手を差し延べるということでなければならない[13]と矢田部は主張している。矢田部のこの視点は極めて貴重であり重要である。独立国タイと日本を対等な関係として捉えている。これは、1941 年末〜 42 年初、国際学友会専務理事として日タイ学生交換に関する協定等諸事業の締結交渉[14]に臨んだときも、基本的な考え方は本質的に変わっていなかったと考えられる。

　また、矢田部公使は、英仏その他いかなる外国の勢力といえども、もはやタイの独立を奪うことはできないし、その勃興革新の機運を阻むことはできるものではないと断言し、タイ国民の今後の発展を大いにかつ刮目して期待していると述べている[15]。矢田部のタイに対する思いが表れている。

　一方で列強に内政、経済を実質的に支配されているタイと、他方で革命後の国民国家として発展を期すタイに対して、同じアジアの独立国として日本こそ温かいヘルピングハンドを差し延べるべきであると矢田部は述べている[16]。矢田部は、「未だ教育も十分に普及せず民度も低い[17]」タイの現状を考慮して、国民教育面で協力ができないかと思案し、タイの青年を日本に留学させることを発想した。

　以上のように、矢田部は、日本のタイに対する協力が植民地支配的支援ではなく、国家間における対等の思想に基づいた当該国の主体的発展のための支援でなければならないと考え、国民教育面での協力が重要であるとして、タイ青年を日本に留学させることに注力した。

第2節　日本外務省の対東南アジア観

　戦前において、日本外務省が東南アジアとくにタイをどう見ていたかについて分析する。

　有田八郎[18] は、1921 年 4 月に、5 ヶ月間のタイ勤務等の経験を踏まえた「暹羅及南洋所感」を外務省通商局長に提出しているが、その中で、外務省は現地に対して驚くほど冷淡且つ無関心であること、その原因として、東南アジアに関する知識を有する者が少ないことなどを述べ、その改善のために、通商局長が至急南洋及びタイ方面を視察すること、欧米方面に経験のある人材を南洋方面に割愛すること等を提言している[19]。

　また、有田は後年、当時を回想して、「昔から誰れいうことなくフランスやイギリスやアメリカは 1 等任地、アジアことに東南アジアや南洋諸島などは、2 等、3 等の任地のように考えられていた。（中略）タイ国ことにバンコックは（中略）まだ瘴癘の地ともいうべきところで、誰しも好むところではなかった」[20] と述べている。有田は、2、3 ヶ月の勤務という約束でタイに赴任したが、帰してもらえる様子がなかったので、帰国を督促する電報を本省へ打っている[21]。彼自身にとっても、タイは好ましくない任地であった。

　矢田部保吉は、「修交以来の両国関係は、政治的にも経済的にも寧ろ極めて稀薄であって、我外務当局の如きすら暹羅を閑却すること甚だしく、暹羅国在勤は日本の外交官の嫌うところであった」[22] と述べている。

　矢田部の後任としてタイに勤務した石射猪太郎[23] は、「誰がいい始めたか、3 シャを避けるという言い伝えが外務省にあった。ギリシャ、ペルシャ、シャムへの公使はご免蒙りたいという意味なのだ。非衛生地であり、官歴の袋小路だからであった」[24] と述べている。

　有田、矢田部、石射は、いずれもタイから日本ないし本省を見ることができたため、本省外交官の東南アジアあるいはタイに対する関心度の低さを認

識していた。

　ほぼ同じ時期に、インドの独立のために日本で活動していたラス・ビハリ・ボース[25] は、日本の外務省官吏の一部が依然として白人崇拝、東洋人蔑視の行動をとっていることについて、「日本にとってのみならず、全亜細亜にとって洵に悲しむべきことである」と憤慨し、「廣田外相が斯くの如き空気を外務省から一掃されんことを切望に堪えない」と訴えている[26]。

　以上のように、1930 年代半ば頃までは、外務省当局の東南アジアとくにタイに対する関心度は低く、「現地」に対する経済開発や文化事業に関する発想が「中央」から生まれるということは、ほとんど不可能な状況であった。

第3節　奨学事業発案の経緯

　矢田部公使は、内田外務大臣宛 1933 年 2 月 1 日付公第 23 号信「暹羅政府ヨリ本邦教育制度視察ノ為教育家派遣ニ関する件」において、

① タイ政府は目下教育制度改革に鋭意尽力中であるが、当国教育制度の始まりは現在の文部大臣チャオプラヤ・タマサク（日本視察時の官名はルアン・パイサーンシンラパサート）氏がかつてワチラーウット皇太子奉迎のため来日して日本を視察し、日本を模範として立案されたものである、

② 同氏は、昨年の革命後文政を司掌することとなり、新政府の最重要の綱領の一つである国民教育の充実普及に懸命の努力をしている、

③ 同氏は、国民教育制度の革新を図るためには日本にその模範を求めることが最適であるという考えから、政府は、バンコクのベンチャマボピット高等中学校長ナイ・ナアグ・デバハスチンおよび商業学校長ルアン・シリーの 2 名を日本内地（1 カ月）および台湾（10 日）に派遣し、現地で具に教育の実情を視察研究させることに決定したので、日本政府の

150

　　出来る限りの便宜供与を願う旨申し出があった

と報告し、さらに、

　④新政府は従来の万事欧米崇拝という伝統に必ずしも捉われることなく、
　　現代の日本の文化的並びに経済的進運に着目し、欧米諸国と比べて国情
　　の近似性が比較的多い東洋の先進国たる日本の諸制度こそタイにとって
　　最も適切な模範とするのに十分であるという雰囲気が濃厚となりつつあ
　　る時でもあり（これを実行に移す際の多大の障害となりつつあるのは国
　　語の問題である）、今回の教育視察も文政当局としては多大の期待をし
　　ていることから、本省においてもその辺のことを十分にお含みの上文部
　　当局とも打合せして、出来る限りの便宜供与により両氏が渡日の目的を
　　十二分に達成しタイ国民の親日的感情を善導しうるよう尽力願う

と要望している[27]。
　また、矢田部公使は、内田外務大臣宛 1933 年 7 月 20 日付公第 136 号信「暹
羅政府派遣ノ本邦教育制度視察員帰暹ニ関スル件」で、日本の教育制度を視
察した前述の 2 名から深厚な謝意があったと以下のとおり報告している。
すなわち、視察員の 2 名が日本の当局から受けた好意に対し、タマサク文
部大臣から礼状が届いたと述べ、さらに、矢田部公使が他用でタマサク大臣
に面会した際にも大臣は謝意を表せられ、視察員 2 名を本省視学官に任命
して諸種の改革に当たらせることにしたと語った、と述べている。また、7
月 27 日に両名が公使を訪ね、日本視察の所感を語り、日本での優待および
便宜供与に対して深厚なる謝意を表したと報告している[28]。
　矢田部公使は、1933 年に開催された日本国際協会主催の談話会での講演
で、アメリカとタイの関係について次のように述べている。すなわち、アメ
リカは、19 世紀の初めからタイのために文化的に貢献している、経済関係
は現在なお希薄であるが、最近タイ人の親米感情は次第に濃厚になってきて

いる、アメリカへの留学生が著しく増加しているのはその一つの現れと考えられる、タイ人の官費私費の海外留学生はつねに数百人に及んでいるおり、その 6~7 割はイギリス、3~4 割がフランスに行き、ごくわずかがドイツ、スイス等へ行くのであったが、近頃アメリカへ行く者が増えている、と述べている[29]。

　矢田部公使は、1933 年以降タイ人学生の日本留学熱が高まっていることを認識していた。矢田部公使の一時帰国中に臨時代理公使を務めた宮崎申郎は、廣田外務大臣宛の 1934 年 5 月 18 日付公第 60 号信「暹羅学生ノ本邦留学ニ関スル件」の冒頭で、「最近当国政府ハ諸種ノ事情ニ因リ青年学生ノ日本留学方ヲ奨励セル為カ当地大学若ハ 8 年制中学（マタヨム）卒業生ニシテ本邦ニ留学セントスルモノ次第ニ其ノ数ヲ増サントスルノ傾向アリ」と、タイ政府が日本への留学を奨励しているためか、タイの大学または 8 年制中学（マタヨム）卒業生で本邦に留学しようとする者の数が増える傾向にあると状況説明している[30]。矢田部公使は、宮崎から事前に書簡の内容について相談を受けていたものと推測される。

　矢田部公使は、廣田外務大臣宛に、タイ人学生の日本留学希望者が増加することを考え、至急受入れ機関などを設置することが喫緊の課題であると意見具申を行っている[31]。

　新興国タイに対して「ヘルピングハンド」を差し延べたいと考えていた矢田部は、日本への留学希望者の増加傾向を捉えて、タイの将来を担う青年学生を一人でも多く日本へ留学させる方策はないかと思案していた。そのような時に矢田部は伊藤次郎左衛門の訪問を受けた。伊藤次郎左衛門は、インド仏蹟巡拝の途中タイに立寄りアユタヤ等の遺跡を見学した後、1934 年 9 月 13 日に矢田部公使を訪問し会談した。矢田部公使は、伊藤次郎左衛門に、タイの状況について、イギリスの実質的な支配のためにタイの発展が阻害されてきたが、タイ新政府は法権、財政、経済の独立や国民の経済福祉増進を掲げて邁進しようとしていると説明し、日本はその平和的意図と両国の経済的共存共栄関係の可能性とを十分にタイ国民に理解させることが最も肝要で

ある[32] という自分の信念を語ったものと推測される。さらに、矢田部公使
は、青年学生を日本に留学させることの重要性を説き、そのための奨学資金
の設定を伊藤次郎左衛門に要請した[33]。矢田部公使の高い志と情熱に感服し
た伊藤次郎左衛門が賛同の意を表して、当該奨学事業は始動した。矢田部公
使の意思を理解し受け止める人物として伊藤次郎左衛門が存在したというこ
とが、当該奨学事業成立の大きな要因であった。すなわち、当該奨学事業が
誕生する人的環境要因として、その理論的推進を図る人間とそれを理解し経
済的に支援する人間の両者の存在を挙げることができる。

第4節　伊藤家の家憲「諸悪莫作、衆善奉行」

　本節では、伊藤次郎左衛門の社会事業がいかに伊藤家の家憲と密接に関係
し、影響を受けていたかを検討する。これによって、彼を当該奨学事業に参
画させるように作用した要因を究明できると考えられる。

　伊藤次郎左衛門は、江戸時代から続く名古屋の「いとう呉服店」（後の松
坂屋）の当主の名前で、本論文に登場するのは、第15代伊藤次郎左衛門祐
民である。彼は、父14代次郎左衛門祐昌と母みつの四男として1878年に
生まれ、守松と名付けられた。1924年47歳で家督を相続し次郎左衛門を
襲名した。1939年62歳で隠居して治助と称した。祐民は一代を通じての
諱である。祐民は、1910年に「いとう呉服店」を法人組織化し、社長に就
任した。彼は、高邁闊達な資質をもって積極的に諸事業の経営を実施し、そ
の拡張発展を果たした。彼は、名古屋の名士として政界への誘いもあったが、
政治に関与してはならないという伊藤家の家憲に従い、経済人として終始し
た[34]。

　伊藤次郎左衛門は、1933年に満55歳になるのを契機に実業面から引退
し、余生を社会事業に捧げようと志した。同年6月に私財百万円を投じて
財団法人衆善会を設立した。同年12月6日の先代祐昌の命日に伊藤銀行楼

上昭和ホールに県・市の有力者を招待し、その発会披露式を挙行した。席上伊藤次郎左衛門は理事長としての挨拶のなかで、従来より公私各種の社会事業に関係して、社会事業が如何に今日の社会に緊要欠く可からざるかを承知し、幾分の援助もしてきたが、自分は隠退の身分となり全く自由の立場になったので、余生を専ら社会事業に尽すことに決心致し、社会事業の経営並に助成を目的とする財団法人衆善会を設立した次第であると述べ、これは自分一人の考えではなく、祖先からの伝統的精神の一つの具体化として実施したものである[35]と述べ、それは武士の気持ちに仏道の信仰を加味したものであり、300年間代々この精神を体し仏教を信仰して「諸悪莫作、衆善奉行」を家憲としてきたし、衆善会の名称も家憲から採って名付けたもので、先祖重代の意志の一つの現れである[36]と説明している。

　伊藤次郎左衛門は、この悪いことはするな善いことをせよという仏教道徳を自ら実践し、家族は勿論すべての店員にも日常の行動規準として遵守するよう指導した。衆善会は、1933年末に名古屋市の助成会に歳末同情金1万円を配布贈呈したのを初めとして、翌年2月には名古屋市及び愛知県下の私設社会事業31団体に事業助成金合計13,300円を配布贈呈した。その後も、函館の大火、北陸地方の水害、大阪地方の台風被害などに対して金品の贈呈を行うなど各種の慈善事業を実施した[37]。

　このような慈善、救済、助成という見返りを求めない人助けの精神が伊藤次郎左衛門の行動を規定していたと考えられる。これは、伊藤家の伝統として彼が幼少のときから教育され身についたものである。この精神が重要な局面における意思決定に多大な影響を与えていたと考えられる。タイのバンコクで矢田部公使から当該奨学事業への協力要請を受けたとき、「やらせていただくべし」と同意したのは、伊藤家の家憲に基づき意思決定をしたものと考えられる。伊藤次郎左衛門にとって、当該奨学事業は社会事業、慈善事業の一つであったと思われる。また、矢田部公使が協力要請した相手は、経済的基盤が強固な資産家であり篤志家である伊藤次郎左衛門であった。

　以上のように、当該奨学事業のような国際文化事業にとって、「見返りを

求めない人助けの精神」と「経済的基盤（資金力）」は重要なファクターであると考える。また、「見返りを求めない人助けの精神」は、現在のボランティア活動の精神的支柱になっていると考えられる。

第5節　インド仏蹟巡拝旅行

　伊藤次郎左衛門と矢田部保吉の会談は、伊藤がインド仏蹟巡拝旅行の途中、タイのバンコクで行われた。本節では、この旅行がなぜ挙行されたのか、また20余年来のビルマ僧オッタマ[38]との親交が矢田部公使との会談における伊藤の意思決定にどのような影響を与えたのかを分析・検討する。

　1910年3月の、いとう呉服店が改組して百貨店として華々しく開店したその日、外国の僧侶らしい人物が群衆に交じって見物をしていた。この珍しい見物客の来店を注進された社長の守松（当時未だ次郎左衛門襲名前）は、伊藤家が代々仏教信仰の厚い家風からこれも何かの縁と思い、丁重に貴賓室に招き入れ面会した。その人物は、ビルマの僧侶オッタマであった。彼は大谷光瑞に招聘されて来朝したとのことで、偶々名古屋に立寄って町を見物中、余りよく賑わっているので何気なく入ってみたという話であった[39]。オッタマはその後も来朝しては名古屋を訪ねている。ある日、オッタマは守松に流暢な日本語でビルマの青年教育について訴えた。

　オッタマの訴えは、イギリスは、ビルマの青年に科学的な知識を与えることを極度に怖れている、学校では、美術や文学は奨励するが、数学とか理化学などの科学は一切教えることを禁止している、自分は将来ビルマの独立を図るには科学的知識を持った有意な青年に俟たなければならないと考えているが、この青年の教育がビルマでは到底不可能である、自分の一番大きな悩みはこの点にある、というものであった[40]。

　そこで守松は、日本ではどこの外国人でも日本人同様に学校へ入れるし学問も習えるから、日本で青年を教育したらどうかと勧めたところ、オッタマ

第5章　矢田部保吉と伊藤次郎左衛門　155

は、日本にはビルマ人の先輩がいないから、世話をしてくれる人がいないと
答えた[41]。

　結局守松が預かることになり、1913年5月に6人の青少年男女が来日し
た。彼らはそれぞれ役に立つ教育を受け、ビルマへ帰国した[42]。

　1934年は仏誕二千五百年にあたり、4月に東京で汎太平洋仏教青年大会
が開催された。当初オッタマもビルマ仏教徒を代表して出席する予定であっ
たが、ビルマ独立運動の中心人物でかつビルマ国民から生き仏として崇敬さ
れていた彼は、イギリス官憲によってビルマを追放され、インド政庁の監視
下におかれていたため、日本渡航は許されず大会出席も不可能となった。オッ
タマの帰国に同行して、ビルマ、インドの仏蹟を巡拝したいと念願していた
伊藤次郎左衛門は、一時大いに落胆したが、初志を貫徹するために自ら出か
けることを決意した[43]。

　伊藤次郎左衛門は、海外渡航をあまり苦にしていなかったように思われ
る。彼は、すでに欧米や中国、満州を経験していた。1909年31歳のとき、
日本実業家渡米団（団長渋澤男爵）に加わり、アメリカ国内を3ヵ月間視
察している[44]。1921年〜22年に、5ヵ月かけてヨーロッパからアメリカ
を回っている[45]。また、大陸方面では、1916年にロシアのウラジオストク
から大連を、1917年、21年に中国各地をそれぞれ視察している[46]。さら
に、1931年に名古屋商工会議所主催支那視察団の団長として団員1000名
を引率し中国に渡っている[47]。後年、故人を偲ぶ会で出席者の一人は、「海
外へ行くなんて珍しい時代でしたから、よう行ったと思います」と語ってい
る[48]。また、国内でも、たびたび外国人の賓客を揚輝荘等の施設に招待して
おり[49]、「外国」ということにさほど抵抗感を持っていなかったと推測される。
当時としては、「国際派」であったと言うことができる。

　1934年8月20日に伊藤次郎左衛門は、身の回り世話役の千代、写真撮
影の長谷川伝次郎、案内役のインド人青年ハリハランとともに、名古屋港を
出帆しインド仏蹟巡拝の途についた。伊藤次郎左衛門は、満55歳を過ぎて
すべての公職を辞した心安さも手伝って、仏誕二千五百年という記念すべき

年に予てからの念願を果たそうと思ったのはもちろんであるが、20余年前に世話をして育てたビルマの子供たちがどのようになっているかもう一度会ってやりたいという願望を持っていたことも、この旅行の動機の一つであった[50]。

同年9月11日にタイのバンコクに着いた伊藤次郎左衛門は、12日、13日と観光見学した後、13日夜に、矢田部公使と会談した[51]。この時矢田部公使は、タイの最近の政治・経済・社会情勢を説明し、独立国とはいえイギリスの実質的な支配下にある現状から脱却するために、日本はもっと協力の手を差し延べるべきだと力説した。さらに、タイの将来を担う留学生を日本で育成する必要があると説き、とくに日暹寺（現、日泰寺）[52]の所在地としてタイと縁の最も深い名古屋でこれを実現してほしいと要望した[53]。伊藤次郎左衛門は、矢田部公使の話を聞きながら、20余年前オッタマが切々と訴えたイギリス植民地ビルマの青年教育の話を重ね合わせていたに違いない。少しでもビルマの役に立つことを願って6人の青少年を受け入れたことが頭をよぎったのではないかと推測される。タイの役に立てるのならと考えて、矢田部公使の要請を聞き入れたと考えられる。こうしたことから、当該奨学事業誕生の鍵として、植民地ビルマも独立国タイもイギリスに支配されており、その支配からの脱却を希求する国民を支援したいという欲求が伊藤次郎左衛門の意思決定の背景にあったということが考えられる。

当該奨学事業に関する矢田部公使の要請を承諾した伊藤次郎左衛門は、帰国後、大岩名古屋市長、岡谷商工会議所会頭、加藤タイ名誉領事、田村名古屋医科大学長等と具体化策を協議し、「名古屋日暹協会」を設立した[54]。名古屋日暹協会については、第6章第3節で詳述する。伊藤次郎左衛門は、三上孝基を同協会常務理事に抜擢し、外務省との折衝にあたらせた。さらに、三上を衆善寮の寮長に任命し、留学生の面倒を見させた。三上は、後に、伊藤次郎左衛門について、「『おい、タイの学生を世話してやれ』と突然おっしゃる。あとの指示は全然ございません。ですから、もう一生懸命やるほかございません。つまり、先代のやり方は、仕事を与え、あとはその人間の考え通

第5章　矢田部保吉と伊藤次郎左衛門　**157**

りやらせて、ご自分は、はたで様子をみている、というふうでした」と述懐している[55]。伊藤次郎左衛門は、当該奨学事業を名古屋市の総意として創出させるとか、三上に権限を委譲して当該奨学事業の活性化にあたらせるなど、彼の事業経営能力は卓越したものがあったと言うことができる。

また、伊藤次郎左衛門について、松宮一也は以下のように人物評価をしている。松宮は、1938年6月に日本語学校設立準備のためタイへ出発する直前に伊藤次郎左衛門を訪問した時の印象として、「数年来、自邸内に寮を設け泰国学生を、私費を以って教育して居られた松坂屋主の伊藤次郎左衛門氏に面接し、泰国を中心にビルマ、仏印等の旅行談を興味深く聴いて行く中に、唯の実業家ならざる氏の慧眼と愛国の熱情を知り得た」と述べている[56]。

以上の分析・検討から、外国について体験に基づく広い見識を持っていること（「国際性」）と、多方面の関係者を動員して事業基盤を強固にし、信頼と権限委譲により担当者に能力をフルに発揮させることができること（「事業家精神」）は、国際文化事業にとって重要なファクターであると言うことができる。

小結

本章では、矢田部保吉がなぜ奨学事業を発案しその実現に向かって熱心に取り組んだのかを分析・検討し、当該奨学事業成立の要因究明を試みた。また、伊藤次郎左衛門が、なぜ矢田部保吉の要請に賛同し資金を提供することになったのか、その意思決定の背景にはどのような要因が作用していたのか究明することを試みた。

第1節で、当時のタイ情勢としてイギリスの勢力がいかに強大であったかを分析・検討し、第2節では、1930年代半ば頃までの日本の外務省当局の東南アジア観を考察し、「現地」に対する経済開発や文化事業に関する発想が「中央」から生まれるということはほとんど不可能な状況であることを

認識した。

　第3節では、矢田部公使がタイの現状に何を考え、なぜ当該奨学事業を発案するに至ったかを検討した。

　第4節では、伊藤家の家憲がいかに伊藤次郎左衛門の社会事業に対する精神的支柱となっていたか検討し、第5節で、インド仏蹟巡拝旅行が当該奨学事業誕生にどのような影響を与えたかを分析・検討した。

　これらの分析・検討から、国際文化事業にとって重要なファクターをいくつか抽出することができた。

　第1に、矢田部公使は、旧王政以来続く欧米列強とくにイギリスの支配に対して、国民国家として発展に邁進しようとしているタイの現状を歴史的に客観的に分析しているが、その批判的思考力は卓越している。この「批判的思考力」は、国際文化事業にとって重要なファクターであると考えられる。

　第2に、矢田部公使は、その現状分析の上で日本の位置づけを行い、日本がもっとタイに目を向け、タイの開発発展に協力するべきであると「現地」から懸命の情報発信を行った。また、矢田部公使は、講演や雑誌への投稿などあらゆる機会を捉えて、タイの現状や展望に関する自分の考えを表現したり、伊藤次郎左衛門を説得し、当該奨学事業の資金提供を承諾させたりしている。このように、「情報を発信し、周囲の協力を獲得していく能力」は、国際文化事業にとって重要なファクターであると考えられる。

　第3に、矢田部公使は、地道に着実に活動して成果を挙げたが、このような「地道な活動」は国際文化事業にとって重要なファクターであると考えられる。

　第4に、矢田部公使は、未だ教育も十分に普及していないタイの現状を勘案し、国民教育面での協力が重要であると考えて、タイ青年を日本に留学させることを発想したが、その基本的な考え方としての「主体的発展のための支援」は国際文化事業にとって重要なファクターであると考えられる。

　第5に、「事業は人なり」と言われているが、国際文化事業にも人的環境要因として、「理論的推進者と経済的支援者の組み合わせ」が不可欠である

と思われる。

　第6に、伊藤次郎左衛門の場合は、彼の行動規準となっている家憲が存在し、そのなかの「見返りを求めない人助けの精神」が、当該奨学事業に関する意思決定に影響を与えたと考えられるが、一般に、この「見返りを求めない人助けの精神」は、社会事業あるいは国際文化事業にとって必要不可欠の重要なファクターであると考えられる。これは、現在行われているボランティアによる国際文化事業の精神的支柱にもなっていると考えられる。

　第7に、伊藤次郎左衛門は、名古屋の実業家であり資産家であった。矢田部保吉の要請に応じられるだけの資金力があった。当該奨学事業のような国際文化事業を行う場合には、経済的基盤は活動の死活を決めると言える。この「経済的基盤（資金力）」は、国際文化事業にとって極めて重要なファクターであると言うことができる。

　第8に、伊藤次郎左衛門は、自分の別荘に外国の賓客を招待するとか海外へ視察旅行に出かけるなど国際的な見識（「国際性」）を持っていたと考えられる。この「国際性」は、国際文化事業にとって重要なファクターであると考えられる。

　第9に、伊藤次郎左衛門は、多方面の関係者を動員して事業基盤を強固なものにし、信頼と権限委譲により組織の構成員を活性化させることによって当該奨学事業を成功させたが、このような「事業家精神」は、国際文化事業にとっても重要なファクターである。

　以上のように、国際文化事業にとって重要なファクターを抽出したが、上述の諸ファクターは、企業経営等の事業にも適合すると考えられる。文化事業のファクターとして特筆されるものは、「見返りを求めない人助けの精神」であると考えられる。

注

1　Nuechterlein, Donald E. (1965), "Thailand and the Struggle for Southeast

Asia", Cornell University Press, pp.12-27

2　Aldrich, Richard J. (1993), "The Key to the South : Britain, the United States, and Thailand during the Approach of the Pacific War, 1929-1942", Oxford University Press, p.49

3　暹羅協会（1937）『暹羅協会会報』第 7 号、61 頁。
　　「暹羅に於ける列国投資の動向と外国人顧問の勢力」と題する報告で、三井暹羅室の調査をまとめたものである。

4　矢田部保吉（1937）「革新途上の暹羅」『日本評論』1937 年 7 月号、285 頁。

5　Aldrich, Richard J. (1993), op. cit., p.53

6　暹羅協会（1937）前掲書、67 頁。

7　Aldrich, Richard J. (1993), op. cit., p.51

8　暹羅協会（1935）『暹羅協会会報』第 1 号付録、11 頁。
　　タイの貿易相手国別輸出・輸入実績（1932 年度、33 年度）が示されているが、その中から、シンガポール、ピナン、英領マライ、香港、英領インド、及び英国の数値を合計した額は、32 年度 1 億 6714 万バーツ（全体の 69.1％）、33 年度 1 億 6753 万バーツ（同 70.7％）となっている。

9　矢田部保吉（1937）前掲書、285 頁。

10　同上書、286 頁。

11　矢田部厚彦（2002）「1930 年代の日・シャム関係と矢田部公使」『特命全権公使　矢田部保吉』矢田部会、62~65 頁。

12　矢田部保吉（1937）前掲書、285 頁。

13　同上書、287~288 頁。

14　国際学友会（1942）『財団法人国際学友会会報』5 号、143 頁。

15　矢田部保吉（1937）前掲書、288 頁。

16　矢田部保吉（1938）「新興国暹羅」『暹羅協会会報』第 10 号、95 頁。

17　矢田部保吉（1937）前掲書、288 頁。

18　有田八郎（1884 － 1965）　1909 年に外交官及領事官試験合格。1920 年 6 月から 5 ヶ月間、公使館一等書記官兼領事としてタイ・バンコク在勤。1936 － 37 年、1938 － 39 年、1940 年と 3 回外務大臣就任。戦前期官僚制研究会編、秦郁彦著『戦前期日本官僚制の制度・組織・人事』東京大学出版会、1981 年、23 頁参照。

19　外務省記録 1-6-1-0-4-4「各国内政関係雑纂　暹国ノ部」。

20　有田八郎『馬鹿八と人はいう―― 一外交官の回想――』光和堂, 1959 年、29-30 頁。

21　同上書、31 頁。

22　矢田部保吉「革新途上の暹羅」『日本評論』1937 年 7 月号、286 頁。

第5章 矢田部保吉と伊藤次郎左衛門 **161**

23 石射猪太郎（1887 － 1954） 1915 年に外交官及領事試験合格。1936 年
10 月－ 37 年 5 月、特命全権公使としてタイ在勤。帰国後、外務省東亜局長。
戦前期官僚制研究会編、秦郁彦著、前掲書、33 頁参照。

24 石射猪太郎『外交官の一生』中公文庫、1986 年、267-268 頁。

25 ラス・ビハリ・ボース（1886 － 1945） インド独立運動の指導者。1915
年に来日。「インドカリー」の中村屋店主の娘と結婚し、日本に帰化。日本
で反英独立運動を展開。中島岳志『中村屋のボース インド独立運動と近
代日本のアジア主義』白水社、2005 年、参照。

26 印度独立連盟新亜細亜協会機関紙『新亜細亜』No.31‐34、1936 年 3 月、4 頁。

27 外務省記録 I-1-4-0-3「本邦ニ於ケル教育制度並状況関係雑件」。

28 同上書。

29 矢田部保吉 (1933)「シャムの近情」日本国際協会『国際知識』1933 年 11
月 1 日号

30 外務省記録 I-1-2-0-3-1「在本邦各国留学生関係雑件 泰国ノ部」

31 同上書。

32 矢田部保吉（1933）前掲書 , 88 頁。
矢田部は、同様の趣旨を南洋協会主催の講演会でも述べている。
矢田部保吉（1933）「最近の暹羅に於ける一般情勢」『南洋協会雑誌』19
巻 11 号 , 12 号

33 外務省記録前掲 I-1-2-0-3-1

34 『伊藤祐民伝』1952 年、220 頁。

35 同上書、336-337 頁。

36 同上書、339 頁。

37 同上書、342 頁。

38 U Ottama 1879~1939 ビルマの僧侶・民族運動の指導者。1907 年、12
年来日。帰国後、民族啓蒙運動を展開。20 年、青年仏教徒連盟（YMBA）
を改組してビルマ人団体総評議会（GCBA）を結成。何度も投獄されたが不
服従抵抗を貫いた。三省堂『コンサイス外国人名事典』＜第 3 版＞による。

39 前掲『伊藤祐民伝』、302 頁。

40 同上書、304-305 頁。

41 同上書、305 頁。

42 同上書、351-354 頁。

43 同上書、354-355 頁。

44 『戊寅年契』1938 年、52-54 頁。

45 同上書、109-115 頁。

46 同上書、79 頁、83 頁、108 頁。

47 同上書、175 頁。

48 高野郁朗編（1977）『十五代伊藤次郎左衞門祐民追想緑』中日新聞社、182 頁。

49 『戊寅年契』には、1931 年 11 月「揚輝荘にて十三ヶ国外人園遊会」（178 頁）
とか 1932 年 11 月「昭和ホールにて諸外国人会」（185 頁）などの記述がある。

50 前掲『伊藤祐民伝』、355-356 頁。

51 長谷川伝次郎（1941）『仏蹟』目黒書店、7 頁。
次郎左衞門手記「旅行日誌」の 9 月 13 日の欄に、「夜は矢田部公使御招待
シャム留学生の事にて御話あり」との記述がある。

52 『戊寅年契』に、1931 年 9 月「シャム皇帝覚王山日暹寺御礼拝」（177 頁）
の記述がある。

53 前掲『伊藤祐民伝』、364 頁。

54 同上書、364 頁。

55 高野郁朗編（1977）前掲書、193 頁。

56 松宮一也（1942）前掲書、253 頁。

第6章

招致留学生奨学資金制度

本章では、「招致留学生奨学資金制度」（奨学事業）がどのようにして成立したのかその過程を解明する。奨学事業は、時間的には 1934 年から 1945 年までわたり、空間的にはタイと日本を結ぶ壮大なプロジェクトである。外務省外交史料館には、奨学事業に関する豊富な史料が残されている。本章では、それらの史料及び他の関係資料に基づき、奨学事業の成立過程を解明することが目的である。

第 1 節で、矢田部保吉の奨学事業に関する問題提起に対して日本外務省側がどのように対応したのか、第 2 節で、奨学事業の骨格を形成する矢田部試案と名古屋市試案について、それぞれの試案はどのような意思や考え方に基づいていたのか、第 3 節で、奨学事業のために設立された名古屋日暹協会がどのような特色を有していたのか、第 4 節では、留学生の選考と招致がどのように行われたのかをそれぞれ分析・検討する。

第 1 節　矢田部保吉の問題提起と日本側の対応

本節では、奨学事業に関する矢田部公使の問題提起に対して、日本外務省側がどのように対応したのかを考察する。

当時の日本外交は、アジアにおいては対中国が基軸であり、タイはさほど重要視されていなかった。そのような状況下で、矢田部公使は、タイから日本外務省に数多くの情報発信を行ったが、奨学事業に関する問題提起は、日本の対東南アジア文化事業における先駆的かつ重要なものであると評価し得る。

矢田部公使は、外務大臣廣田弘毅に宛てた 1934 年 9 月 24 日付公第 153 号信「留日暹羅学生ノ為ニスル保護指導機関設置ノ急務ニ関スル件」において、留学の目的をもって日本へ渡航するため旅券査証を要求したタイ人学生が前年春以来 25 名にも上っており、日本留学希望者は今後益々増加するも

第6章 招致留学生奨学資金制度 **165**

のと予想されるので、本邦において至急適当な保護指導機関を設置し、タイ人学生に宿舎、希望学校の選択、入学手続、日本語の予習等を斡旋することが是非必要であり、至急本省省当局で具体的に検討してほしいと要請している[1]。また、寄宿舎を新規に建設するのは日数もかかるので、差し当たっては、海外教育協会の施設を利用できるよう当局で折衝してほしいと要請している[2]。さらに、名古屋の実業家伊藤次郎左衛門は奨学資金を設定して、タイの学生を招致する計画を持っており、来年初め頃迄には実現したいという希望である。このような事情なので、本件指導機関設定方特別至急ご高配願う[3]と述べている。この書簡の末尾部分から、すでに伊藤次郎左衛門と面談したことが明示されている。

東亜局第一課長は、外務大臣、次官、東亜局長、文化事業部長宛に、

> 本邦ニ留学スル暹羅学生ハ急速ニ増加シツツアリ、之カ指導監督機関設置ノ急務ナルコトハ論スル迄モナキ所ナリ、東亜局ニ於テモ文化事業部等ト連絡シ種々画策シツツアル処、何分金銭ノ問題ヲ伴フ故オイソレトハ運ハサル現状ナルカ、然シ何トカセネハナラヌ義ト存ス[4]

と解説をつけて、矢田部公使の書簡を回覧している。ここで述べられている金銭の問題云々は、第1章で分析したように、国際文化事業費予算が極めて少なく、予算枠がないということを含意していると考えられる。

前述の公第153号信に対して、1934年11月1日に廣田外務大臣は、公第109号電で次のように回答している。すなわち、矢田部公使の意見には至極同感で種々画策しているが、何分にも経費の問題を伴うため急には運ばない状況である。また、海外教育協会と協議したが、① 1935年1月に開設予定の90名収容可能な寄宿舎について、同協会は在外同胞子弟の世話を第一義としており、これに属する申込者数が目下判明しないため、依頼に応じることができるか否か断言できない。②各般の斡旋については、同協会は在外同胞子弟の世話を第一義としている上、当面事務員も少ないため、一般

的な要請には到底応じられない。ただし、留学生の人物、経歴、資力等確実な者を、都度前広に紹介してもらえれば、出来る限り尽力する、ということで、タイ人学生を同協会に宿泊させることは難しい実情である。ついては、貴信末尾の伊藤氏が帰朝の上は同氏とも直ちに連絡を取る予定である[5]と述べている。ここでいう「在外」とは、主に中国・満州を指しており、当時の外交の基軸が対中国であったことが窺われる。

　矢田部公使は、廣田外務大臣に 1934 年 11 月 19 日付公第 212 号信「留日暹羅人学生奨学資金設定計画ニ関スル件」[6]を送っているが、これは当該奨学事業の成立過程において重要な位置を占めると考えられる。

　この書簡の内容は、概ね以下のとおりであるが、文中先般印度聖跡等歴遊の途次当地に立寄った名古屋市の伊藤次郎左衛門氏は矢田部公使を来訪の際、当国の内外情勢並びに日タイ両国関係等について種々談話を重ねた[7]とあるのは、1934 年 9 月 13 日のことである[8]。矢田部公使は、インド仏蹟巡拝の途中タイに立寄った伊藤次郎左衛門に対して、立憲革命後 2 年以上経過したタイが依然としてイギリスの政治的・経済的な支配を受けている状況や日本がもっとタイに経済的進出を図るべきであること等を述べた。その上で、両国間緊密不離の関係を樹立するためには、タイ国民の対日依存観念一層涵養することが最も必要で、青年を日本に留学させることが極めて重要であり急務であると説明している。そのためには、篤志家の出資を仰いで奨学資金を設定して毎年継続的に優秀な学生を日本に送ることが極めて望ましいと所見を述べて、伊藤次郎左衛門に協力を要請している[9]。伊藤次郎左衛門は、これに共感を示し、それは、国家的に意義深いことで、1 年 1 万円程度の出費で足りるのであるならば何等難しいことではないと思われるので、タイ訪問の機会を得た記念としてやらせていただきましょう、と承諾している[10]。ここに、当該奨学事業成立の実質的な出発点を見ることができる。この書簡では、さらに、本件の具体的な計画が出来たら、名古屋商工会議所会頭岡谷惣助宛送ってほしいと伊藤次郎左衛門から要請されたことが書かれている。矢田部公使は、試案を作成したが、計画を実現させるには、文部当局

または各学校当局と打ち合わせを必要とする点やその他検討を要する点が多いと思われるので、前記の岡谷氏または本年末までには帰国する予定の伊藤氏と連絡をとって、本件を至急具体化するよう配慮願うと廣田外務大臣に要請するとともに、書簡末尾で、本件は明年3月のタイ諸学校学年末に第1回の選抜が行えるように進めたいので、それを考慮に入れて進めてほしい[11]と早急な対応を要求している。矢田部公使の早く実施したいという気持ちが表現されていると考えられる。

　この書簡に関連して、矢田部公使は、1935年2月2日に廣田外務大臣宛に電報を打っている。矢田部公使は、4月学年初めの時期に留学生を送ろうとするためには、タイ文部省との交渉を至急開始する必要があるので、本年度採用人数、第2年以降毎年採用人数見込、被採用者の修業程度標準、学資給与額、留学年限、修業学科、本件実施に関連して特にタイ文部省側に対し希望する事項等を至急決定してほしいと要望している[12]。

　これに対して廣田大臣は、1935年2月4日付暗第30号で、

貴案ノ如キ支那人以外ノ外国人本邦留学計画ノ実施ニ付テハ種々サマザマノ困難アリ、目下文部省ト共ニ折角研究中ニテ決定迄ニハ多少暇取ルヘキ見込ナルモ何レ具体案確定次第電報スヘシ尚伊藤側ヘハ貴電ノ次第ニモ顧ミ当方ヨリ連絡ノ筈[13]

と、現在文部省と一緒に研究中であり、決定までもう少し時間がかかる見込みで、具体案が確定次第電報すると回答している。これ一つとっても当時の外務省のアジアに対する主要な関心事は、中国・満州であったことが推測できる。また、早く実現させたいと思う矢田部公使（＝現地）と前例のない事例に対しては慎重に進める本省側（＝中央）との間には意識の落差があったと考えられる。

　桑島東亜局長は、2月8日に、伊藤次郎左衛門宛に書簡を送り、留日タイ人学生奨学資金設定に関する矢田部試案を文部省の協力を得て検討してきた

が、同案に多少の修正をすれば実施可能の見込みがたち、至急協議をして具体的に進めたいので、本省まで来訪願いたいと要請している[14]。

4月8日付文化事業部の日付印があるメモ[15]によれば、3月30日に、伊藤次郎左衛門が外務省を訪問し、本邦におけるタイ人留学生の奨学資金制度設定に関する名古屋市試案を東亜局長に手交している。この名古屋市試案は、矢田部試案に修正を加えたものである。

外務省は、矢田部試案と名古屋市試案について文部省と協議し、矢田部公使、名古屋市と調整を行って制度の実現を図ることになる。

以上のように、矢田部公使の問題提起に対して、日本外務省側は、当初否定的な対応をとっていた。これは、当時外務省の主要な関心事は中国・満州であり、タイは全く問題外の国であったので、あまり関わりたくないという意識が強く働いていたものと推測される。しかし、矢田部公使から、留日タイ人学生奨学資金設定に関する具体的な試案が提示されたため、外務省は、文部省や伊藤次郎左衛門と協議せざるをえなくなった。具体的な矢田部試案が外務省を動かしたと考えることができる。このことから、事業を始めるには具体的な計画案が必要であるということが言える。また名古屋市試案が提出されたことにより、当該奨学事業は成立に向けて一歩前進することになった。

第2節　矢田部試案と名古屋市試案

本節では、矢田部試案と名古屋市試案について、それぞれの試案がどのような意思や考え方に基づいていたのか検討する。

まず、矢田部試案を詳細に見ていく。

第1項として、「暹羅国男女学生ノ日本留学ヲ勧奨スル目的ヲ以テ留日暹羅学生奨学資金ヲ設定シ暹羅人学生ニ学資ヲ支給シテ本邦ニ於テ修学セシム[16]」と規定しているが、矢田部公使は、当分の間は男子学生だけにする方

が良いだろうし、タイ側の希望に反しないであろうと補足説明している。また、当該奨学資金の設定は、これを契機として、タイの官費留学生の一部を日本へ派遣させること及びタイの官立学校に日本語科を創設させることを企図しているものであると述べている。日本への官費留学生は 1936 年に初めて実現している[17]し、後者については、1941 年チュラーロンコーン大学で選択科目ではあるが日本語の講座が開設されている[18]ことを考えると、矢田部公使の発想は、極めて的確であり、先見の明があったと評価し得る。

第２項では、「奨学資金ハ日暹奨学会（仮名）ニ於テ之ヲ提供ス、但シ日暹奨学会ノ組織ハ別ニ之ヲ定ムヘシ[19]」とあるが、矢田部公使本人も確たる意見を持っていたわけではなく、資金の調達は伊藤次郎左衛門が引き受ける予定なので、彼が私財を提供してつくる財団法人に負担させるかどうかは伊藤氏の判断に任すべきで、矢田部や外務省が直接関与すべきことではない、と注記している。しかし、矢田部公使は、日暹奨学会のような特別の組織をつくるか、前述の財団法人の一部として奨学事業を運営させるか、あるいは伊藤氏個人の名において実施するかは検討の余地があるとし、「本件事業ノ永続性ヲ確保スル見地ヨリ、此際奨学会ナル特別ノ機関ヲ形成セシメオクコト必要ナリト信ス[20]」と、明確に所見を述べている。ここに現れている「永続性」ということばには、本件のような奨学事業が一過性のものであってはならないという矢田部公使の信念と、確固たる組織をつくって長期にわたって展開するべきであるという同公使の意思が込められていると考えられる。

また、矢田部公使は、奨学会組織を具体的に検討する際には、理事者のなかに外務省の関係者や場合によっては文部省の関係者を加えることが必要であると述べている。

第３項では、

　　本奨学資金ニ依ル留日暹羅学生ハ帝国大学各分科、官立単科大学又ハ官立専門学校中ノ何レカヲ選定シテ入学セシム、但シ場合ニ依リ私立大学ニ入学セシムルコトアルヘシ　前項学校又ハ学科ノ選択ハ予メ奨

学会ニ於テ之ヲ行ヒ右選択ニ基キ志望者ヲ募集選抜スルモノトス[21]

と、留学生が入学する学校の範囲を規定し、学校又は学科は奨学会が予め決めておきそれに基づき志望者を募集すると謳っている。矢田部公使は、この項で、タイ人学生が日本人学生と同じ条件で入学試験を受けるのはいささか酷であるので、外務省本省が予め文部当局又は学校当局から了解をとりつけ、タイ人学生の入学に支障がないよう取り計らってほしいと要望している[22]。また、学校、学科は奨学会が決めるといっても、前もってタイ文部当局の希望を聞いておくことが望ましいとタイ政府に対する配慮を示している。さらに、伊藤氏は、タイ人学生が入学する学校として、名古屋市の高等学校、高等商業、高等工業、医科大学等を考えているようであるが、学校の収容力、選択科目又は入学試験等の関係から、なにも名古屋市に限定する必要はないと指摘している。この時点では、矢田部公使は、伊藤次郎左衛門の名古屋市における地位、名声、実力等を十分認識していなかったと推測される。伊藤次郎左衛門は、名古屋だから引き受けると判断したものと考えられる。

第4項では、修学年限について述べて、

修学年限ハ大体 10 ヶ年トシ大学卒業ヲ目標トシテ之ヲ左ノ通リ区分ス、但シ日本語予備学習期間及中学在学期間ハ本人ノ成績ニ依リ之ヲ短縮スルコトアルヘシ

前期

    （1）日本語予備学習   2年

    （2）中学校   2年

後期

    （3）高等学校   3年

    （4）大学   3年

前期終末ニ於テ詮衡ノ結果後期学習ニ適セスト認メラレタルモノニ付テハ爾後学資ノ支給ヲ打切ルコトヲ得ルモノトス[23]

としている。ここで矢田部公使は、後期において日本人並みに修学目的を果たすために前期4年の予備教育期間は長すぎるとは思わないが、なお検討の余地があり、できるだけ短縮したいのは当然であると述べている。また、前期において、日本語予備教育期間と中学校在学とをそれぞれ2年、2年とするか、1年、3年とするか、あるいは中学校4年とすべきか等についても検討の余地があると指摘している。さらに、修学のバリエーションについて述べており、帝大医科大学のような修業年限4年を要する場合は、当然ながら奨学資金支給年限は11年になると補足説明している。

第5項では、「学資支給額ハ一人ニ付キ月額大体左ノ通トス、但シ物価其他土地ノ情況ニ依リ減額支給スルコトアルヘシ[24]」として次のように支給額を規定している。

日本語予備学習期間	70円
中学校在学期間	70円
高等学校又は専門学校在学期間	80円
大学在学期間	100円

これによれば、学生一人につき、10年間の支給総額は旅費を除いて9840円になると補足している。また、学資を全額支給せず一部を支給して人員を増やすことも考えられるが、奨学事業開始の初期には全額支給することとしたいと述べている。

第6項で「旅費ハ往復トモ一人ニ付500円渡切トス[25]」と決めているが、往復が同額でよいのか、あるいは乗車乗船賃の実費を支給するのがよいのかなど、なお検討の余地があると示唆している。

第7項では、

毎年新ニ奨学資金を支給スヘキ人員ハ第1年ニ3人、第2年ニ2人、第3年以下毎年1人宛トス、即チ右ニ拠レハ本件奨学資金ノ支給ヲ受クル留日学生ノ各年現在数ハ

第 1 年　　 3 人
第 2 年　　 5 人
第 3 年　　 6 人
第 4 年　　 7 人
第 5 年　　 8 人
第 6 年　　 9 人
第 7 年　　10 人
第 8 年　　11 人
第 9 年　　12 人
第 10 年　　13 人
第 11 年　　11 人
第 12 年　　10 人

ニシテ第 13 年以降毎年 10 人宛トス

又、畢業人員ハ

第 10 年末ニ　　 3 人
第 11 年末ニ　　 2 人
第 12 年末ニ　　 1 人

ニシテ以下毎年 1 人宛トス[26]

と、日本に滞在する奨学資金受給学生の年度別推移を示している。また、これにもとづき、年間所要経費を見積もっている。第 1 年 4020 円から毎年逓増し、第 8 年から第 12 年の間は年間 11300 円ないし 13900 円の多額になる。12 年間の平均は年間 9100 円余で、第 13 年以降は毎年 10800 円の額を維持することになり、伊藤氏が言った 1 年 10000 円にほぼ対応できる予定であると説明している。さらに、修学年限の短縮や支給額の減額により、第 7 項の人員増加の可能性とその得失を検討することは重要であると指摘している[27]。

　第 8 項では、

第6章　招致留学生奨学資金制度　**173**

> 本奨学資金ノ支給ヲ受クル留日学生ハ暹羅国官立学校マタヨム第6年
> 以上修了生タル暹羅人ニシテ品行方正、志操堅固、学術優秀ナルモノ
> ノ内ヨリ其ノ家庭ノ事情等ヲモ考量シテ試験ノ上選抜ス[28]

と留学生選抜の条件、方法を規定している。これに付随して、修学標準をマ
タヨム[29]第6年修了とすることの適否について、日本の中学校、高等学校
の授業内容と比較して検討してほしいと要請している。タイにおいては、マ
タヨム第8年を修了した者を官立大学に進学させていると補足している。
また、タイ官立大学各科卒業生や官吏のなかから優秀者を選抜して給費研究
生として日本に派遣することも極めて有効であるが、別途計画することとし
て、ここでは今後の課題として指摘するにとどめると述べている。さらに、
同項で選抜の委員に言及している。「右選抜ハ在暹日本公使ヲ委員長トシ日
本公使館首席書記官、暹羅国文部次官ヲ委員トスル考試委員会ニ於テ之ヲ行
フ、但シ委員長ハ其ノ必要ト認ムル委員ヲ嘱託スルコトヲ得ルモノトス[30]」
としており、但し書きにある委員として、在タイ日本公使館在勤のタイ語書
記官又は書記生と応募学生の家庭事情調査に当たるタイ人官吏の各1名を
考えている旨注記している。
　第9項では、

> 本件奨学資金ノ支給ヲ受クル学生ニシテ其ノ品行、能力又ハ健康上ノ
> 理由ニ由リ成業ノ見込ナシト認メラレタルモノハ何時ニテモ給費ヲ停
> 止スルコトヲ得ルモノトス、奨学会ノ指定シ暹羅国文部当局ノ承認ヲ
> 経タル以外ノ学科修業ニ従ハントスルモノニ付テモ亦同シ[31]

と学資支給停止の条件を規定しているが、当然の措置と考えられる。
　第10項では、「本件ニ関シテハ暹羅国文部省当局ノ完全ナル協力ヲ得ル
コト必要ナルヲ以テ予メ在暹日本公使ト暹羅国文部参議トノ間ニ右協力ニ関

シ必要ナル協定ヲ遂ケオクモノトス[32]」とタイ文部省への配慮を示すとともに、この協定事項について日本外務省で関係先と協議し、協定案を作成して教示してほしいと要請している[33]。

以上、矢田部試案を分析・検討してきたが、同試案が奨学資金の支給対象から支給停止条件まで綿密に計画されていることから、矢田部公使がいかに強くタイ人学生を日本に留学させたいと希望していたかが読み取れる。この矢田部試案によって外務省は、文部省や伊藤次郎左衛門と本格的に協議するようになった。具体的な提案は、関係先を巻き込み、影響を与える力を持っているということが理解できる。

次に、名古屋市の「シャム国学生ノ留学ニ関スル試案」[34]について分析・検討する。この試案は、受入れ先の主体として、より現実的なものにするために、矢田部試案に一部修正を加えている。

まず、第1項では、留学生の年齢について言及している。「(1) マタヨム学校6ヶ年修了者ハ15歳位ノ年齢故他国ヘノ留学ハ若スギル感アリ」として「(2) マタヨム学校8ヶ年卒業生ノ留学（17歳位）[35]」を希望している。その理由として、①日本の中学校及びアメリカン・ハイスクール卒業生の年齢に近く、学力も三者同等と考えられる、②英語を相当やってきているので日本での学習には困難はない、ということを挙げている。また、「(3) 大学卒業生ノ留学」については、留学制度実施の最初の3ヵ年は、大学卒業生を年に一人そのなかに加えることもできるとしている。

第2項の「留学地ノ選定」では、①環境がよいことが必要条件の一つと考えるならば名古屋市が適当であるが、②大学の課程は帝国大学で受けることを原則としたい、と述べている[36]。

第3項の「留学後ノ生活」では、①宿舎が最も重要であるので慎重に検討するべきである、②できれば個人の家庭に寄宿させてよい感化を与えるとともに家庭的温情を受けさせたい、③やむをえない場合は、適当な宿舎を指定して万事に遺憾なきようにすべきである、と述べている。この②については、重要な点で、日本での生活に不満をもった中国人留学生が帰国後反日運

第6章　招致留学生奨学資金制度　**175**

動に走ったという過去の事例から、留学生を受け入れる場合は、家庭的な環境が最も良いという指摘 [37] もある。

第4項の「教育計画」については、「(1)　マタヨム学校8ヶ年卒業後ノ留学ヲ可トス」として、日本での教育は、「(2)　予備教育——2ヶ年」と「(3)　高等大学教育——6ヶ年」としている。前者(2)では、①日本語の学習に全力を注いでもらう、②日本語の訳読（毎日2時間）、文法（1時間）、会話（1時間）及び英語を必須科目とする、③本人の将来の目的に従ってその他の科目を選択させる、という内容である。後者(3)では、①予備教育修了者には名古屋第八高等学校に入学させる、②高等学校卒業生は、本人の希望により、帝国大学、名古屋医科大学、もしくは他の大学に入学させる、という計画が組まれている。

第5項の「費用」については、①予備教育は、月50円、年600円、2ヶ年で1,200円、②高等教育は、月60円、年720円、3ヶ年で2160円、③大学教育は、名古屋市では、月70円、年840円、3ヶ年で2,520円、東京では、月90円、年1,080円、3ヶ年で3,240円、④名古屋市で8年間学習する場合の費用は、5,980円で、途中で東京帝大に入学する場合の費用は、6,700円になる、と見積もられている。

第6項の「名古屋日暹協会ノ設立」では、協会の設立が必要であることが記されている。

この名古屋日暹協会については、当該奨学事業成立のアクターであるので、第3節で分析・検討する。

この名古屋市試案について、重光外務次官は、三辺文部次官宛に、1935年4月8日付亜1機密第257号信「暹羅国人学生ニ対スル奨学資金設定計画ニ関スル件」[38] を発信している。そのなかで、

　　本件ニ関シテ在暹矢田部公使作成ノ試案ニ基キ貴省係官ト当省係官トノ間ニ協議ノ次第有之リタル処其ノ後本件奨学資金寄付者タル名古屋市側ニ於テ大体別紙ノ案ニ拠リタキ趣ヲ以テ3月30日同市伊藤次郎左

衛門来省右手交シタルヲ以テ写４部茲ニ送付ス[39]

と連絡し、追って本案に対する協議を両省で行う旨述べている。

　外務省と文部省の各関係者は協議を行い、名古屋市試案に対する「希望質疑事項」[40]を決定している。そのなかで主なものを挙げると以下のとおりである。

　試案第３項の「留学地ノ選定」に関して、名古屋市を原則とすることに異議はないが、必要な場合には、名古屋市以外の官立学校、私立大学あるいは専門学校等へも入学させることができると理解して差し支えないかと確認を求めている。

　試案第４項「教育計画」の(3)について、専門学校における学習を認めることになると、高等教育期間は３年（専門学校の場合）ないし７年（医科大学の場合）となる、また、②については、名古屋高商、同高工も加える方がよい、と述べている。

　試案第５項の「留学生ノ費用」に関して、次のとおり提言している[41]。①試案の額で足るとは思うが、外国人のことなので多少の余裕を持っておくことが必要と思われる。今後の実情を見て増減することを考えてはどうか。②日本への往復の旅費、病気の場合の治療費等に関する規定を設けておくことが必要である。③落第その他成績不良の場合の給費中止に関する規定を設けることが必要である。

　「希望質疑事項」の末尾で、「本件ハ成ルヘク本年ヨリ実施致シ度キヲ以テ実施可能ノ見込大体ツキタルトキハ即時実行ニ移リ詳細ノ点ハ後日協議決定スルコト実際的ナルヘシ[42]」と記されており、前向きの意欲が示されていると読み取れるが、これは、矢田部試案と名古屋市試案が具体的に提示され、当該制度の現実性が増大したことによって、両省関係者が当事者意識を共有するようになってきた証左と考えられる。

　以上矢田部試案と名古屋市試案を詳細に見てきたが、両試案とも本奨学事業を実現させたいという強い意思に基づき、奨学資金の支給対象、支給年限、

支給額、人数、留学生選抜の条件・方法、支給停止条件等がきめ細かく規定されていることが理解できる。また、両試案の具体性・現実性が外務省、文部省の関係者に当事者意識を喚起させたことが認識される。

第3節　名古屋日暹協会

　本節では、本奨学事業のために設立された名古屋日暹協会がどのような特色を有していたのかを考察する。

　1934年12月インド仏蹟巡拝から帰国した伊藤次郎左衛門は、大岩名古屋市長、岡谷商工会議所会頭、加藤タイ名誉領事並びに田村名古屋医科大学長等と、矢田部公使の要請であるタイ人留学生受入れの具体策について協議した。その結果、彼らは、日暹両国間の親善の増進及び文化の発達を図る目的のもとに広く賛同者を募り、「名古屋日暹協会」を設立することになった[43]。

　1935年6月20日名古屋商工会議所において名古屋日暹協会の創立総会及び発会式が挙行された。これには、駐日タイ公使プラ・ミトラカム・ラクサ、外務省桑島東亜局長、東京暹羅協会山口主事、篠原愛知県知事、大岩名古屋市長、岡谷商工会議所会頭等が出席した[44]。駐日タイ公使と外務省東亜局長が出席したということは、同協会のタイ人留学生受入れに対していかに大きな期待が寄せられていたかを表しているといえよう。

　「名古屋日暹協会創立総会次第書」[45]によると、開会の辞、経過報告、座長推薦の後、議事が行われており、

　　第1号議案　　名古屋日暹協会規則の件
　　第2号議案　　留日暹羅人学生奨学要領の件
　　第3号議案　　役員選任の件
について討議された。

　「名古屋日暹協会規則」[46]は、6章17条から構成されているが、第2章に「目

的及事業」が規定されている。

第3条　本会ハ日暹両国間ノ親善ノ増進及文化ノ発達ヲ図ルヲ以テ目的トス

第4条　前条ノ目的ヲ達成スル為メ左ノ事業ヲ行フ

　　1. 日暹両国ノ国情ヲ相互ニ紹介スルコト

　　2. 日暹両国ノ国語ヲ相互ニ普及発達セシムルコト

　　3. 日暹両国ノ仏教ニ関スル調査研究ヲ助成シ仏徳ノ宣揚ニ努ムルコト

　　4. 暹羅国学生ニシテ日本ニ留学スル者ニ対シ奨学資金ノ給与其他修学上ノ便宜ヲ与フルコト

　　5. 日暹両国間ノ経済ニ関スル調査研究及其ノ発達ヲ助成スルコト

　　6. 其ノ他目的達成上必要ト認ムル事業

　ここで注目に値するのは、第4条の4のタイ人留学生に対して奨学資金の支給その他修学上の便宜を与えるということであるが、これは、当時すでに設立されていた国際文化振興会の事業内容には明記されていないほど斬新で先駆的なものであるということが言える。これは、まさに名古屋日暹協会が奨学事業のために設立されたということを証明している。

　また、第3章第5条に会員の規定があり、名誉会員、特別会員及び通常会員の3種に区分されているが、特別会員は200円以上の寄付を行った者、通常会員は年額10円の会費を納入する者と定められている。同協会の資産は、会費、寄付金及びその他の収入から構成される（第11条）が、伊藤次郎左衛門は、基金として1万円を提供している[47]。

　次に、「留日暹羅人学生奨学要領」[48]が決議されているが、これは、当該奨学事業の基本的な骨格を形成する機能を有している。この「奨学要領」は、第2節で分析・検討した矢田部試案と名古屋市試案をベースにし、外務省・文部省の「希望質疑事項」を考慮に入れて作成されている。

　第1項は、矢田部試案の第1項をそのまま採用している。

第６章　招致留学生奨学資金制度　179

　第２項では、前半は矢田部試案を採用しているが、後半部分は、運営母体として「日暹協会」を明記している。

　第３項の「修学年限」については、前期の日本語予備学習と中学校の期間をそれぞれ１年、３年と規定し、成績次第で短縮もありうるとしている。

　第４項の「学資支給額」については、矢田部試案を上限として、「70円以内」というように表記している。また、「希望質疑事項」の指摘を斟酌して、「但シ、来朝帰国ノ旅費、疾病ノ場合ノ治療費、成績不良ノ場合ニ於ケル給費中止等ニ関スル規定ハ別ニ之ヲ定ム」と付記している。

　第５項の年度別受け入れ人員計画と第７項の奨学資金支給停止の条件については、矢田部試案を採用している。

　第６項の留学生の選抜条件は矢田部試案と同じであるが、「考試委員会」の構成メンバーに一部修正を加え、日本の文部省専門学務局長と外務省東亜局長を追加している。

　しかし、このメンバー追加についてその後外務省から修正の要請が入っている。1935年７月９日付守島東亜局第一課長から名古屋日暹協会加藤副会長宛の書簡で、名古屋出張の際、協会案に賛成である旨私見を述べたが、文部省と協議の結果、留学生募集に関する協会案を文部、外務両省が協議して意見が一致した場合に「考試委員会」で選考してもらうことになったので、両局長を委員から削除してほしいと要請している[49]。手続き上は、この守島修正案の方が現実的であるので、協会側も了承している。

　第３号議案で役員の選任が行われたが、会長には、満場一致で伊藤次郎左衛門が選任され、副会長には加藤勝太郎タイ名誉領事が就任した。また、同協会設立の契機をつくった矢田部公使とミトラカム駐日タイ公使が名誉会長に推挙された[50]。同協会規則第６条に「本会ニ左ノ役員ヲ置ク」として、会長１名、副会長１名、理事20名以内（常務理事１名）、監事５名以内と規定されており、理事として、名古屋市長、名古屋市助役、名古屋商工会議所正副会頭、名古屋駐在暹羅国名誉領事、名古屋医科大学長、第八高等学校長、名古屋高等工業学校長、名古屋高等商業学校長、名古屋商工会議所理事、

日暹寺代表者等が明記されている[51]。これらの顔ぶれを見ても、いかに名古屋市が全市を挙げて当該奨学事業に取り組もうとしていたか、また、伊藤次郎左衛門の存在がいかに大きなものであったかを読み取ることができる。

名古屋日暹協会の創立総会について、廣田外務大臣は、矢田部公使宛1935年6月26日付亜1普通第62号信「留日シャム国人学生ニ対スル奨学資金制度ニ関スル件」において、「当省、文部省及名古屋側ニテ数次折衝ノ結果今般愈名古屋側ニテ奨学資金制度ヲ実施スルコトトナリ同時ニ右制度運用ノ母体タル名古屋日暹協会創立総会ヲ開催セリ[52]」と報告している。この創立総会で、同協会規則と奨学要領が可決されたが、この内容については矢田部公使も異議がないと思うと述べて、「名古屋日暹協会規則」（写）及び「留日シャム人学生奨学要領」（写）を送付している。また、矢田部公使は同協会名誉会長と学生を選抜する考試委員会委員長になるので了承願うとともに、タイ文部次官も同委員会委員になってもらうので了解をとりつけてほしいと要請している。さらに末尾で、本件奨学資金制度は出来る限り速やかに実施することで名古屋側と打ち合わせている状況で、追って電報で留学生選定を依頼するので含みおき願いたいとしている。

矢田部公使は、廣田外務大臣宛の1935年7月29日付公第231号信「名古屋日暹協会創立ニ関スル件」で、同協会創立の件とその目的の一つがタイ人学生奨学事業にあることをタイ政府に通知しておく必要があると考え、駐タイ日本公使館で作成した協会規則の英訳文を添付した書簡を外務参議宛送っていると述べている[53]。このピヤ・パホン外務参議宛の書簡には、最近名古屋日暹協会が設立されたこと、名古屋は、チュラーロンコーン王から日本の仏教徒に贈られた仏陀の真骨が祀られている日暹寺[54]の所在地であり、また日タイ経済関係を支える重要な産業都市の一つであること、また同協会がタイ人学生を日本に招致し勉学の機会を提供すると申し出ていることなどが記されている。

末尾で、会則のコピーを10部添付するので興味のある方々へ配布願いたいと依頼しているが、この書簡からも、本奨学事業をいち早く提起し、熱意

を持って取り組んできた矢田部公使の、愈々それが現実のものとなるという喜びが読み取れる。また、この書簡には、タイ側に対して、本奨学事業を通じて日本の文化を認知させ、日本の魅力を認識させる意図が包含されていると考えられる。

　上記の書簡は日タイ親交関係の進展に貢献したと考えられる。

　本奨学事業の運営母体となる名古屋日暹協会について分析・検討を行ってきたが、同協会は、国際文化事業のアクターとしていくつかの特色を有していると考えられる。主なものとして

　第1に、矢田部公使の要請を直接受けかつそれに同意した伊藤次郎左衛門がリーダーシップを発揮して設立した団体であることが挙げられる。すなわち、奨学事業の理念を十分理解した強力な創始者が存在したということである。

　第2に、同協会が行う事業として、タイ人留学生に対して奨学金の支給その他修学上の便宜を与えるということが鮮明に打ち出されており、これに集中的に重点がおかれていたことが挙げられる。これは、同時代に設立された国際文化事業組織には明記されていないほど極めて斬新で先駆的なものであったと言える。

　第3に、同協会の役員に名古屋市長をはじめ、市、商工会議所、大学、高等学校、日暹寺等のトップや幹部が名前を連ねており、名古屋市が全市を挙げて推進しようとしていたことが挙げられる。官民協力によって一都市が外国人の給費留学生を招致するのは、同協会が全国で最初であった[55]。

　これらの特色をもつ名古屋日暹協会は、本奨学事業にとって極めて重要な役割を担っていた。

第4節　留学生の選考と招致

　本節では、留学生がどのように選考され招致されたかを分析・検討する。

名古屋日暹協会総会後の 1935 年 6 月 26 日に、外務省守島東亜局第一課長は、名古屋市役所の神田助役宛に書簡を送り、在タイの矢田部公使に第 1 年度学生募集に着手してもらうため、募集する学生の種類及び就学する学校又は学科名を至急連絡願いたいと依頼している[56]。これに対して、神田助役から転送を受けた名古屋日暹協会の加藤副会長は、名古屋医科大学、第八高等学校、名古屋高等商業学校への入学希望者各 1 名、計 3 名の選考を願いたいと同年 7 月 3 日付で返信を出している[57]。この書簡に対して、守島東亜局第一課長は、同年 7 月 9 日付で加藤副会長宛に書簡を送り、①名古屋医科大学に入学させる者は、タイの医科大学卒業生から、また、第八高等学校および名古屋高等商業学校へ入学させる者はマタヨム全科卒業生から、それぞれ募集することができると考えるが差支えないか、②第八高等学校へ入学させる者は、文科志望者か理科志望者かどちらにするべきか、③留学生選抜考試委員会の委員に文部省専門学務局長と外務省東亜局長を加えることに賛成したが、文部省とも協議の結果、両局長を委員から削除してほしいがどうであるか、と問合せしている[58]。

名古屋日暹協会は、同年 7 月 12 日に伊藤会長名で外務省桑島東亜局長宛に正式な依頼状を出している。それまでの外務省側の疑問に答える形で、今年度は、3 名を募集したいので、外務省で適当な者を選抜し推薦してほしいと依頼している。入学させる学校および人数は、名古屋医科大学に 1 名（タイ医科大学卒業生より）、第八高等学校に 1 名（マタヨム全科卒業生より、文科、理科の別は考試委員会に一任）、名古屋高等商業学校に 1 名（マタヨム全科卒業生より）である。末尾で、名古屋日暹協会としては、いつでも受け入れる用意があると述べている[59]。

同年 7 月 16 日廣田外務大臣は、矢田部公使に第 118 号電で伊藤会長からの依頼を伝え、至急選考の上連絡してほしいと要請している[60]。また、重光外務次官は、三辺文部次官宛の亜 1 普通第 765 号「暹羅国人留学生ニ対スル奨学資金設定ニ関スル件」で、伊藤会長からの手紙（写）と廣田大臣の矢田部公使宛の電報（写）を添付して連絡するとともに、留学生が日本語考

査で入学が認められたときは、同学年度から所定の学校に入学させたいので、学校側との連絡等必要な対応を取り計らい願うと要請している[61]。

　矢田部公使は、廣田外務大臣宛に8月28日付第213号電で、①八高へ入学する者の学課は理科と指定する、②給費生に対する給費月額は、奨学要領には「以内」と最高額を示しているが、今回は、たとえば医科大学100円、高商及び八高80円と確定公示をしてもよいか、また渡日旅費支給額はいくらか、③奉天医科大学は予科を経ずに直に本科へ入学させると聞いているがどうか、④タイ文部当局は、文部次官が選考委員として外国私団体の役員のような印象を与えるのは外観上よろしくないので、表面上は矢田部の推薦で協会が給費生を決定するという建前としたいがそれでよいか、と連絡並びに問い合わせをしている[62]。

　桑島東亜局長経由でこの電報の写しを入手した伊藤会長は、9月5日付の桑島局長宛書簡で、①については、理科で結構とし、②については、原則として実費制度としたいとして、つぎのように説明している。本会の方針としては、留学生各個人に対して支給する月額を定め、現金を本人に直接渡すことにする、本会が適当な監督者のいる宿所を指定し、遊学の土地における一般日本学生の標準的な修学に必要な学資、衣、食、住の生活費は勿論病気の際の入院治療等の臨時費、また、学生として応分の小遣等一切の経費を負担して中流学生としての体面を保つに不自由のないようにさせる所存であると述べ、従って学校の程度、場所、宿舎の事情等により給費額は変わると説明している。奨学要領に示してあるのは大体の標準と考えてほしいと述べている。また、タイから名古屋までの旅費及び渡日準備費として一人300円を支給すると回答している。③については、タイの医科大学卒業生ならば直に本科へ入学させる、④については、趣旨は了承し、本会として承諾する、と述べている[63]。この時点で伊藤次郎左衛門は、②で述べているような将来留学生を受け入れたときの保護監督体制について、タイ留学生を揚輝荘内に寄宿させ、名古屋日暹協会常務理事の三上孝基を監督者に起用するというある程度具体的な構想を持っていたと推測される。

伊藤会長は、この書簡の追記として、留学生を選考する場合、健康であることを重視してほしいということと、日常生活はなるべく日本人同様の取り扱いをし、衣、食、住ともに漸次日本式に慣れさせたいと考えているので、渡日の時期は日本の向寒の季節を避けることを希望すると、留学生の健康や日常生活に対する配慮を示している [64]。

外務省では、同年9月9日、重光外務次官から三辺文部次官宛亜1普通第875号信 [65] で、また、廣田外務大臣から矢田部公使宛亜1普通第116号信 [66] で、伊藤会長からの書簡（写）をそれぞれ送付している。これに対して、三辺文部次官は、重光外務次官宛10月1日付官専77号信「暹羅国人学生ノ本邦留学ニ関スル件」で、第八高等学校、名古屋高等商業学校及び名古屋医科大学は入学に問題ないと回答している [67]。また、矢田部公使は、10月15日付第239号電で、協会側は向寒の時期に学生派遣を見合わせたい意向であるが、タイ政府の熱を維持するためには明春まで半年も待つことなく直に実行に移すことが必要なので、タイ文部当局と協議し早速人選に着手する [68]、と早期実現を願う自らの態度を鮮明に表している。

同年11月18日付第261号電で矢田部公使は、廣田外務大臣に、タイ文部省が受け付けた志願者は志望学校別に、八高27名、高商6名、医科大学ゼロとなっており、八高希望者が多数につき同校向け採用数を2名に増加させるのがよいと思われるので、協会側の意向を確認して至急電報で回答願うと報告並びに依頼を行っている [69]。廣田大臣は、11月28日付第174号電で、矢田部公使の案どおり進めてほしいと述べ、協会側は志望科目も一任していると伝達している [70]。

矢田部公使は、廣田外務大臣宛同年12月21日付第289号電で、名古屋日暹協会へ伝達願うとして、次のとおり報告並びに要請をしている。タイ文部省における学術試験で八高6名、高商3名を選抜した後、在タイ日本公使館で、各人の人物考査及び邦人医師による厳格な身体検査を行い、保護者の意向を確認した上で、八高理科志望者 Nai Utai Songkram、同 Nai Sney Sarasraya 及び高商志望者 Nai Chamnong Thahulrat の3名を選抜したので

承認の上至急電報願いたい、またタイ文部省及び本人に確定通知を出してできるだけ早く出発させたいので旅費を電送願いたい[71]、というものであった。旅費については、伊藤会長から託送を依頼された3名分900円を送付済である旨、廣田大臣は、12月20日付第193号電で矢田部公使へ連絡している[72]。

　桑島東亜局長は、12月24日に伊藤会長宛に、矢田部公使からの第289号電（写）を添付して書簡を送り、異議がない場合は至急通知願うと依頼している[73]。伊藤会長は、12月26日に、名古屋日暹協会として異議はないと回答し、3名の渡日の時期を一報願うと要請している[74]。

　一方文部省に対しては、12月24日付亜1普通1170号で重光外務次官から三辺文部次官に、矢田部公使からの電報（写）と桑島局長から伊藤会長宛の書簡（写）を添付して、文部省として選抜結果に異議ある場合は至急回答願うと依頼している[75]。

　1936年1月6日付官専396号信で、文部省専門学務局長は、外務省東亜局長に、第八高等学校へ1名増加し2名入学させることは問題ないと通知している[76]が、同校の校長が名古屋日暹協会の理事に就任していることから難しい問題ではなかったと思われる。

　矢田部公使は、1936年1月8日付第5号電で廣田外務大臣に、留学生の人選について協会側に異議がないか船便の都合もあるので至急返事がほしい旨督促している[77]。矢田部公使は、自分の日本帰国を知っていてその前に一件落着させておきたかったのではないかと推測される。

　翌1月9日に廣田外務大臣は、矢田部公使に、第2号電で「協会側ハ貴方ノ選定ヲ承認セリ　旅費未着ノ場合ハ立替置カレタク　尚出発日取見込ダケニテモ至急回電アリタシ[78]」と通知している。この末尾の日程問い合わせに対して、1月20日に森代理公使は、廣田外務大臣宛第10号電で、留学生3名は22日に「すらばや丸」でタイを出発し、2月5日頃神戸に到着の予定である旨通知している[79]。これを受けて桑島局長は、1月22日伊藤会長に森代理公使の電報（写）を添付して連絡するとともに、留学生が神戸到

着後名古屋へ向けて出発するまでの世話は、在神戸榎並タイ名誉領事にさせるよう在日タイ公使へ依頼しておくので、詳細は榎並領事と直接打ち合わせしてほしいと通知している[80]。

矢田部公使は、自らが発案し現実のものとなった奨学事業の最初の留学生が出発するのを見送ることもできずに、1936年1月15日に離任帰国[81]した。

第1次留学生3名すなわちウタイ、スネー、チャムノンは、台湾経由[82]で2月に来日した。彼らは、伊藤次郎左衛門所有の揚輝荘内で日本の生活を開始した。同年5月20日付の名古屋日暹協会常務理事三上孝基から外務省笠原太郎書記官宛の書簡で、タイ留学生4名を引率して外務省、文部省、タイ公使館等に挨拶に出向きたい、また4、5日滞在して東京見物を行いたいので、便宜を図ってほしいと通知並びに依頼をしている[83]が、1名増加しているのは、同年3月に来日したタウィウォンが加わっているからである。彼の来日を証明する文書がある。警視総監石田馨が内務大臣潮恵之輔、外務大臣廣田弘毅、各庁府県長官宛に発信した1936年3月18日付外秘第522号信「暹羅国革命指導者ノ息本邦留学ニ関スル件」[84]には、タウィウォンが3月7日から東京のタイ公使館に居住していたが、3月23日ミトラカム・ラクサ駐日公使に伴われて名古屋に赴き8年間勉学をなす予定であること、および勉学に関する斡旋並びに一切の費用負担はタイ名古屋名誉領事加藤勝太郎が引き受ける模様であることなどが記されている。タウィウォンは、タイ文部省の試験を受けた公式留学生ではなく、ミトラカム駐日公使の紹介により名古屋日暹協会が特別ルートで受け入れた留学生であった。

以上のように1936年は、2月に3名、3月に1名、計4名の留学生を名古屋日暹協会は受け入れたことになる。

第2次留学生については、基本的には1次と同じ手順で手続きが進捗しているが、内容に差異がある。伊藤会長から東亜局長に宛てた同年12月18日付の書簡[85]では、本年は内規どおり2名を招致したいので、以下の条件で選定願うと依頼している。すなわち、①渡日後1ヶ年間尋常小学校及び家庭で日本語を修得させた後、翌年4月から中学校1年に入学させる所

存なので、年令、学力共にこれに相当する者を選定願いたい、②選定の基準として健康を最重要資格としてほしい、③渡日の時期は、1937年3月又は4月頃としたい、小学校入学と気候の関係上、3月中旬から4月上旬に日本到着が最も好都合である、④将来中学校卒業後の志望専門学科並びに学校に対する選択は自由とする、⑤上記以外の条件は、昨年度のものと同様と考えてほしい、というものであった。

これにもとづいて、有田八郎外務大臣は、矢田部保吉の後任である石射猪太郎特命全権公使宛に同年12月24日付亜1普通第130号信「名古屋日暹協会奨学資金留学生選抜方依頼ノ件」[86]で、協会側の意向を伝達するとともに、留学生渡日の時期について念を押している。

在タイ石射猪太郎公使は、佐藤尚武外務大臣宛に1937年4月3日付普通公第85号信「名古屋日暹協会奨学資金留日学生ニ関スル件」で、タイ文部省が出願者316名から試験で選抜した成績優良者11名について、日本人医師による体格検査と公使館での人物考査の結果、Ake Sankha Subarana(13歳) と Sompong Lihtrakul（13歳）の2名を選抜したこと、また両名は4月13日にタイ発那智山丸で出帆し、4月24日頃神戸着の予定なので、協会に出迎え等の準備をするよう伝達願いたいと報告並びに依頼をしている[87]。

このようにして名古屋日暹協会は、1937年4月に第2次留学生としてエーク、ソンポンの2名を受け入れている。

第3次留学生については、本来ならば1937年のうちに準備に入るのであるが、実際は1938年になってから、しかも在タイ村井倉松特命全権公使からの催促によって手続きが再開した。村井公使は、有田外務大臣宛の1938年11月9日付機密公第228号信「名古屋日暹協会奨学資金留学生ニ関スル件」で、留学中の学生の様子については名古屋を訪問したタイ官民が帰国後その優秀ぶりを文部当局等に話している模様で、タイ文部省係官から在タイ日本公使館館員にその後の留学生招致の有無等質問してきている。従って本件奨学資金制度は今後とも是非継続させたいので、協会側に対し昭和13

年度分留学生をも招致の措置を講ずるよう指示願いたいと述べている。さらに続けて、今回はタイの大学卒業生（医科、農家及び理工科を主とする）を研究並びに実習のため2ヵ年位留学させるということで相当多数を招致してはいかがかと述べている[88]。時移り人変わりで、矢田部保吉の時代と村井倉松の時代とでは、政治社会情勢の相違もあり、当該奨学事業に対する認識も異なるものとなっていた。

栗原東亜局長経由で村井公使の機密公第228号信（写）を入手した伊藤会長は、同年12月16日付書簡で栗原局長に説明している。「昨年度ニ於テハ這回ノ事変ニ際シ先方一般国民間ノ思惑モ如何カト存ジ1ヶ年予定ノ学生招致ヲ見合セ候」と日中戦争のタイ国内における影響を考慮して留学生招致を見合わせた旨理由を説明した後、日タイ間の親善に貢献しているようであるので、「本年度ハ予定通リ2名招致致度ク就テハマタヨム8年卒業者ニシテ日本ノ高等学校1年ニ入学希望ノ男子2名御選定昭和14年3月中ニ来朝致スヤウ御取計ヒ相成度」と招致の意思を表明している。さらに、村井公使の大学卒業生を多数招致してはどうかという案に対して、「名古屋市ニハ医科大学ノミ有之今後2年経バ理工科大学モ併設セラルルコトト相成居候ヘバ総合大学設立後ニ於テ御希望ノ点考慮致度[89]」と答えている。末尾で、本月中に当協会係員を外務省へ説明のため登庁させると述べている[90]。12月20日に協会の三上常務理事が補足説明に上京した。

1939年1月13日付亜1普通第4号信「名古屋日暹協会奨学資金ニ依ル留学生招致ニ関スル件」で、有田外務大臣は、村井公使に、伊藤会長からの書簡（写）を添付し、その内容を説明するとともに、三上協会常務理事の補足説明として、①マタヨム7年修業の者でも差し支えない、②理、工、医又は農科志望の者が条件で、かつ、③1年間日本語教育を実施した後、高等学校、高等工業学校、高等農林学校又は医科大学（予科）に入学させることにしている、と述べている。さらに、村井公使の提案に対して、日暹協会奨学資金は名古屋市又は同地方に留学させることを目的としているので、同地に医科大学以外に大学程度の教育機関がない現在大学卒業程度の者を招致

第6章 招致留学生奨学資金制度 **189**

するのは、奨学資金制度の趣旨に適合しないので考え難いと三上常務理事の
話を紹介して、以上了解の上協会側から申越しのとおり留学生として素質優
良な者2名を選考願うと依頼している[91]。

名古屋日暹協会は、1939年5月に第3次留学生として、チャムラス・カ
ムナードノンとブンソン・チャラウストの2名を受け入れた。

1939年12月20日、伊藤会長は、外務省東亜局長に書簡を送り、タイ
の国名変更に伴い協会の名称を1940年1月1日付で「名古屋日泰協会」
へ改称することを通知するとともにタイ留学生の近況を報告している[92]。留
学生近況報告によれば、8名は揚輝荘衆善寮で起居し、皆至極壮健にて学業
に勤しんでいるとして、各人毎の近況が記されている。

スネー（21歳）　八高3年理科に在学中、来年3月卒業後は名古屋帝大
　　　　　　　　理工学部電気学科に進学の予定
ウタイ（20歳）　八高3年理科に在学中、来年3月卒業後は名古屋帝大
　　　　　　　　理工学部応用科学科に進学の予定
チャムノン（21歳）　名古屋高商3年在学中、来年3月卒業後は東京商
　　　　　　　　　　科大学に進学の予定
（以上3名は、1936年2月渡来）
タウィウォン（18歳）　愛知一中3年に在学中で成績良好、5年卒業後
　　　　　　　　　　　は一般中学生に伍して八高理科受験の見込み
　　　　　　　　　　　（1936年3月渡来）
ソンポン（16歳）　県立明倫中学2年在学、成績頗る良好、5年卒業後は
　　　　　　　　　八高理科受験、将来航空学科修得の希望
エーク（15歳）　明倫中学1年在学中
（以上2名は、1937年4月渡来）
チャムラス（18歳）　目下衆善寮にて日本語学習中
ブンソン（17歳）　チャムラスと同様日本語学習中

この近況報告から、本奨学事業がこれまでのところは順調に推移していることが読み取れる。一般にプロジェクトというものは、どんなに良い計画や仕組みをつくっても、これを担う人間が適材適所でない場合には、当初の計画どおりにはうまくいかないものである。その点、本奨学事業は、運営責任者として、協会常務理事三上孝基が衆善寮の寮長も兼ねて、親身になって留学生の面倒をみていることが、順調な進捗の大きな要素になっていると言えよう。三上を抜擢した伊藤次郎左衛門の人を観る慧眼は驚嘆に値する。

1939 年 11 月 3 日に伊藤次郎左衛門は、家督を長男松之助（16 代次郎左衛門）に譲り、自らは治助を襲名している[93]。前述の 12 月 20 日付外務省東亜局長宛の書簡は、協会長伊藤治助名で出ている。

第 4 次留学生募集について、村井公使は、1940 年 1 月 19 日付普通公第 16 号信[94]で外務大臣に、招致の有無、招致学生の人数、指定学科等を問い合わせている。これを受けて堀内東亜局長は、1 月 30 日付で名古屋日泰協会伊藤治助会長宛に、村井公使の手紙（写）を添付して書簡を送り、協会の意向を打診している[95]。

年初から容態が悪化していた治助は、1940 年 1 月 25 日逝去した。同月 30 日の本葬には、「故人の遺志に依って一般からの供物供花は一切辞退し、特に賀陽宮、朝香宮、東久邇宮、昌徳宮の四宮家御下賜の榁と泰国特命公使の弔花のみ霊前に飾られ[96]」ていることから、外務省関係者には治助の逝去が知らされていたと考えられるが、故人宛に書簡を送付するとは、あまりにも無神経で、極めて事務的に処理されていたということになる。このことが受入れ側の積極的な意欲の喪失を惹起する要因の一つになったとも考えられる。

伊藤治助の死後、名古屋日泰協会会長は 16 代伊藤次郎左衛門が就任した。1940 年 2 月 22 日付書簡で、新会長は、「過去数年間ノ成績ニ鑑ミ本年度ハ試ミニ短期間ニ学業ヲ卒ヘ帰国シ得ルヤウ」と以下の条件に該当する者を招致したいと申し出ている[97]。すなわち、①タイにおいて専門的技術又は学術を修得し、さらに日本で研究を行おうとする者、②修学に要する費用は協会

第6章　招致留学生奨学資金制度　191

が支給するが、日常の小遣いは本人が負担できること、③日本滞在期間は満
3ヶ年、④多少日本語の素養がある者、⑤招致人員は 2 名、というものであっ
た。

　有田外務大臣は、村井公使宛同年 2 月 28 日付亜 1 普通 8 号信「名古屋
日泰協会奨学資金ニ依ル留学生招致ノ件」で、伊藤会長の書簡（写）を添付し、
協会からの回答を伝達するとともに、来訪した三上協会常務理事が留学生招
致は今後とも続行の意向であるとして語った以下の談話を書き送っている。
すなわち、①今までの留学生は、中学又は高等学校に入学させており大学卒
業までには長い年月がかかることから、中には短期修業の上帰国したいと洩
らす者がいること、②特に日本留学に熱意を持っている者を招致したいので、
多少日本語の素養がある者（たとえば日語学校出身者等）が適当であると考
えられること、③留学生の多くは国許から送金を受けるため本邦学生に比べ
贅沢であること、等の事情に顧み本年度は試験的に留学期間を 3 ヶ年とし、
修学科目などは定めず専門的技術又は学術を修得する者を招致したい、また
現在タイにおいて必要な技術者養成のため適当な工場で実習させるなども効
果的と考えられるが、タイの事情が充分に判明しないのでタイ公使館笠原書
記官の帰国を待ち協議の上決定したい [98]、というものであった。

　この有田外務大臣から村井公使宛の亜 1 普通 8 号信以降、第 4 次留学生
に関する文書は残っていない。これは選考や招致が実施されなかったからで
あると考えられる。

　この亜 1 普通 8 号信とすれ違いのような形で、村井公使は、有田外務大
臣宛に同年 2 月 20 日付普通公第 35 号信「泰国文部当局ノ実業技術的徒弟
養成事業ニ対スル協力方ニ関スル件」を送付している。この中に招致不実施
を示唆する文章があるので、以下に分析・検討する。

　村井公使は、まず、

　　泰国文部当局ニ於テハ予テヨリ政府ノ中小商工業奨励助成ト相俟テ実
　　業教育普及ト産業各部門ニ亙ル技術的実務者養成ノ為相当数ノ留学生

ヲ外国ニ派遣方計画中ノ趣ヲ以テ日本側ノ協力援助ヲ要請越シタリ

と、この事業はタイ文部省からの要請であると権威付けを行い、

我方ヨリ進ンテ右泰国文部当局ノ事業ニ協力援助ヲ与ヘ我国ニ於テ優
秀ナル技術的実務者ヲ養成シ以テ泰国各事業ノ発展ニ寄与セシメ他面
日泰親善ノ連鎖タラシメ我対泰経済発展ニモ裨益アラシメントスルモ
ノナリ

と趣旨を述べている。さらに、日タイ関係の現状とくに対タイ文化工作につ
いて、

経費不十分ニ因ル不完全ナル日泰文化研究所（実質ハ日本語学校ニ過
キス）カ１両年前設立セラレタル外神戸岡崎忠雄氏出資ニ係ル泰国学
生修学旅行団招致、名古屋日泰協会出資奨学資金ニ依ル留学生招致ノ
外左シタルモノナク

と批判し、

殊ニ名古屋日泰協会奨学資金ニ依ル留学生招致ノ如キハ年ニ依リテハ
実施ナキ等未タ頗ル遺憾ノモノ有ル状況ナル

と名古屋日泰協会の対応に不満を表明している[99]。矢田部、石射両公使の時
代に比べて村井公使になってから協会側の情報発信が遅いことに対して村井
は不満を持ったのではないかと推測される。また、村井自身従来とは異なる
新しいプロジェクトを立ち上げたいと考え、徒弟養成事業を提案した。村井
は、名古屋日泰協会の奨学事業の必要性を認めなくなっていたと考えられる。
本奨学事業の主要なアクターの一つである在タイ特命全権公使において、矢

第6章 招致留学生奨学資金制度 **193**

田部、石射から村井へと奨学事業の理念が継承されていなかったことを示していると考えられる。本奨学事業の存続・発展が期待できない状態にあったと言えよう。

村井公使の事業計画は、バンコクではタイの日本商工会議所が、日本では三井タイ室がそれぞれ中心となって検討を進めており、名古屋日泰協会にも「タイ国徒弟教育計画案」が送付されている[100]。協会側も、この計画が実施されれば、相当の人数を引き受けることになるであろうと予測し、奨学事業について新規留学生招致の積極的な意欲を持てなくなっていたものと考えられる。

以上から、第4次以降の留学生招致は実施されなかったと考えられる。

名古屋日泰協会が3回にわたって受け入れた留学生8名について、1943年現在の状況記録が以下のとおり残されている[101]。

スネー　　1940年第八高等学校を卒業して名古屋帝大工学部電気科に進学、42年9月優秀な成績で卒業、三井物産に入社、日本発送電青森県十和田建設事務所を経て岐阜県兼山発電所の建設工事に従事中。将来タイで発電所建設事務に携わるための実習である。

ウタイ　　第八高等学校在学中はサッカー選手として活躍、40年名古屋帝大工学部応用科学科に進学、42年9月優秀な成績で卒業、10月九州大牟田三井化学工業に実習生として採用され約6ヵ月勤務、43年5月名古屋に戻り城東機械工補導所に入所、3ヵ月職工として訓練を受け、現在衆善寮で帰国の待機中。

チャムノン　40年名古屋高等商業学校卒業後本人及び父兄の希望により東京商科大学に進学、優秀な成績で42年9月卒業と同時に東京タイ国大使館に就職、三等書記官として勤務中。

タウィウォン　実父のタイ政界における失脚のため呼び戻され、40年1月愛知一中第4学年中途で帰国、現在仏印サイゴンで日

本商店に勤務中。

ソンポン　成績優良で 42 年明倫中学第 4 学年修了後直に八高へ特別入学を許され、目下理科 2 年に在学中。

エーク　38 年 4 月明倫中学に入学したが日本語学力不足のため 1 年原級に止まり、現在第 5 学年在学中。

チャムラス　八高第 1 学年の暑中休暇に帰国し、便船の都合で帰校が遅れたため原級に止まり現在 2 年に在学中。

ブンソン　40 年 4 月愛知一中第 4 学年に入学、41 年八高理科 1 年に特別入学を許され、43 年 9 月同校を卒業、東京帝大工学部鉱山科に進学、上京して下谷池の端松坂屋社宅より通学中。

以上のとおり、特別に受け入れたタウィウォンを除いて、タイ文部省の試験に合格した公式の招致留学生は、概ね順調に学業の成果を挙げていることが窺われる。奨学事業は所期の目的が達せられつつあるということが理解できる。

本節では、留学生がどのように選考され招致されたかを分析・検討した。要点を列挙すれば以下のとおりである。

まず、第 1 次から第 3 次にわたる留学生の選考・招致は、計画に示された手順どおりに公正に手続きが行われており、その過程の透明性は高いと評価できる。

第 2 に、タイ文部省の選抜試験と在タイ日本公使館での人物考査や身体検査に合格した優秀な学生が来日し、概ね良好な学業成績を残したと言える。

第 3 に、奨学事業の運営責任者であり留学生宿泊寮の寮長でもある三上孝基の存在は重要で、本奨学事業成功の大きな要因となったと考えられる。

第 4 に、奨学事業の主要なアクターが事業設立時の理念を尊重するということは、事業存続の基本的な条件であると考えられるが、時移り人変わり、それが軽視ないし無視されるようになると事業の存在意義が希薄化し、事業の衰退・消滅へと変化していくので、事業にとっては、理念の継承が重要な

第6章　招致留学生奨学資金制度　**195**

要件になると考えられる。

　以上の分析・検討から、「プロセスの透明性」、「有能な運営責任者の存在」、「理念の継承」は、国際文化事業にとって重要なファクターであると言うことができる。

第5節　奨学事業の意義

　本節では、本奨学事業が、同時代にどのような評価を受けていたかを含めて、どのような同時代的意義を有していたかを解明する。

　第1に、本奨学事業は、欧米諸国と比較して後発的であった日本の対タイ文化事業のなかで、日本語教育事業等の諸事業よりも早く実施され、他に対して種々の示唆を与えるなど極めて先駆的であった、という点に意義がある。

　第2に、本奨学事業は、国際文化振興会、国際学友会等の「民間」機関が、国家の意思を体現し、「自国文化の普及」に努めた時代に、見返りの利益を求めずに、専らタイの文化水準向上のために文化協力・教育協力を実践した、という点に重要な意義がある。

　第3に、本奨学事業は、同時代において、種々高い評価を獲得していた、という点に意義があると考える。以下に、種々の評価の具体例を抽出する。

　まず、当事者である留学生の評価について、上坂冬子（1998）『揚輝荘、アジアに開いた窓』から引用して言及する。上坂は、1993年に、伊藤次郎左衛門が後妻の千代との間にもうけた娘の秋野百合子と三上孝基の四男三上坦とともに、タイでかつての留学生の生存者にインタビューを行い、同書にまとめた。これによれば、第1次留学生のチャムノンは、1953年に駐日タイ大使館二等書記官として来日し、58年には夫人とともに名古屋を訪れて伊藤次郎左衛門祐民の墓参を行っている[102]。チャムノンは、インタビューで、「日本とタイの関係を考えれば、あの時代に日本人がタイの子供の世話をす

る気になったのは、日本としても利益があったからだという見方をした人も私の周辺にはいました。しかしあのプログラムは公私ともに利益など眼中になかったと私は思います。（中略）スポンサーは純粋にタイに親しみを感じてくださったとしか考えられません」と述べている[103]。ここには、本奨学事業の本質が表現されている。松宮一也は、文化事業の根本精神は「ギヴ」一方の直接に報酬を望まない態度で行かなければならないものであると述べている[104]。

　また、第2次留学生のソンポンは、当時を回想して、「伊藤様と三上様の方針で私たち留学生は家族同様に扱われていました。衆善寮は寮という名前こそついていましたが、食事は三上様ご一家と一緒に食べましたし、喧嘩をして泣かされたときは三上先生の奥様の着物の袖で涙を拭いていました」と語っている[105]。衆善寮では、留学生一人ひとりが日本人と同様に差別なく平等に処遇されていた。故郷から遠く離れた日本で心と心のふれあいがある家族的生活を味わえるということは、タイ人留学生にとって至福の時空間であったと言える。彼らの生活は、当時の留学生生活としては極めて恵まれた部類であった[106]。

　神戸の実業家岡崎忠雄が招致したタイ学生旅行団の一行が、1938年、39年に揚輝荘を訪問し、留学生の宿舎である衆善寮を見学した。39年の参加メンバーの一人ブンチュアは、留学生の宿舎が繁華街から離れた閑静な良いところにあり、日本の家族として生活しているので日本語を話すとか理解することが早く上手になった、と見聞記に記している[107]。すべての資金を大富豪の伊藤氏が出しているとも書いてあり、彼が留学生たちを羨ましく思ったのではないかと推測される。本奨学事業が旅行団の学生からも評価されていたと考えられる。

　タイ政府の評価としては、伊藤次郎左衛門が、タイ学生を招致してその育成に努め、日タイ両国の親善に尽力した功労に対して、タイ政府から勲章を授与されたということに象徴される。1938年2月24日に駐日タイ公使館において、シー・セナ公使から伊藤次郎左衛門に王冠四等章が授与され

た[108]。奨学事業が開始されてから3年も経過していない時期にしかも留学生招致が1936年、37年の2回実施された時期に、この勲章授与が行われたということは、タイ政府が本奨学事業を高く評価していた証左と考えられる。

在タイ特命全権公使村井倉松は、本奨学事業に対して、プラス、マイナス両方の評価をしている。本章第4節で論述したように、村井は、有田外務大臣宛の書簡で、当該奨学事業はタイ文部当局から評価されているので、今後ともこれを是非継続させたいと述べている[109]。しかし、村井は、1938年度の招致が実施されていないことに対して、非常に遺憾であると、たびたび本省への書簡で不満を表明している[110]。これは、本奨学事業に対するマイナスの評価であるが、招致が中断したことそのものに対する不満であって、本奨学事業の存在意義は認めていたものと考えられる。

以上のとおり、本奨学事業の同時代的意義としては、第1に、本奨学事業は、欧米諸国と比較して後発的であった日本の対タイ文化事業のなかで、日本語教育事業等の諸事業よりも早く実施され、他に対して種々の示唆を与えるなど極めて先駆的であったということ、第2に、本奨学事業は、見返りの利益を求めずに、専らタイの文化水準向上のために文化協力・教育協力を実践したこと、第3に、本奨学事業は、種々の高い評価を獲得していたこと、の3点が重要である。

小結

本章では、招致留学生奨学資金制度（奨学事業）がどのようにして成立したのかその過程を解明することを試みた。第1節では、奨学事業に関する矢田部保吉の問題提起に対して、日本外務省側がどのように対応したのか、第2節では、奨学事業の骨格を形成する矢田部試案と名古屋市試案は、それぞれどのような意思や考え方に基づいていたのか、第3節では、奨学事

業のために設立された名古屋日暹協会がどのような特色を有していたか、第
4節では、留学生がどのように選考され招致されたか、また、第5節では、
本奨学事業が、同時代にどのような評価を受け、いかなる同時代的意義を有
していたかをそれぞれ分析・検討した。これらの分析・検討から、国際文化
事業にとって重要なファクターをいくつか抽出することができた。

　第1に、日本外務省は、外交の基軸を中国・満州においていたためタイに
対する奨学事業には関心が薄かったが、矢田部の提示した具体的な計画案と
それを一部修正した名古屋市試案の両案に見られる実現への強い意思と具体
性・現実性によって当事者意識を喚起され、奨学事業実現の調整役へと変化
した。このことから、「事業成功への強い意思」と「事業計画案の具体性・
現実性」は、国際文化事業にとって重要なファクターである。

　第2に、本奨学事業の運営母体である名古屋日暹協会の特色として、伊
藤次郎左衛門の強力なリーダーシップ、名古屋市を挙げての推進体制、奨学
事業への実質的な集中特化などが挙げられる。これらが本奨学事業にとって
重要な役割を果たしたことから、「リーダーシップ」、「広範な支援体制」、「事
業の選択と集中」は、国際文化事業にとって重要なファクターである。

　第3に、事業の実施段階における「プロセスの透明性」、「有能な運営責
任者の存在」、「理念の継承」は、国際文化事業にとって重要なファクターで
ある。

　第4に、当該奨学事業の主要なアクターの一人である伊藤次郎左衛門の「人
助けの精神」や、文化事業の根本精神は「与えること」のみで、見返りを求
めないことであるという松宮一也の指摘などから、「見返りを求めない人助
けの精神」は、国際文化事業にとって極めて重要なファクターである。

　以上より、国際文化事業にとって重要なファクターを抽出するという目的
は概ね達成された。

第6章　招致留学生奨学資金制度　**199**

注

1　外務省記録 I-1-2-0-3-1「在本邦各国留学生関係雑件　泰国ノ部」
2　同上書。
3　同上書。
4　同上書。
5　同上書。
6　同上書。
7　同上書。
8　長谷川伝次郎（1941）『仏蹟』目黒書店、7 頁。
　　「旅行日誌」の 9 月 13 日の欄に、「夜は矢田部公使御招待　シャム留学生の
　　事にて御話あり」という記述がある。
9　外務省記録前掲 I-1-2-0-3-1。
10　同上書。
11　同上書。
12　同上書。
13　同上書。
14　同上書。
15　同上書。
16　同上書。
17　山口武（1939）「留日タイ国学生に就て」『暹羅協会会報』第 16 号 , 73 頁。
18　松井嘉和他（1999）『タイにおける日本語教育―その基盤と生成と発展―』
　　錦正社、45 頁。
19　外務省記録前掲 I-1-2-0-3-1。
20　同上書。
21　同上書。
22　同上書。
23　同上書。
24　同上書。
25　同上書。
26　同上書。
27　同上書。
28　同上書。
29　矢田部試案の付属資料の「マタヨム学校各学年教程表」の備考にマタヨム
　　の説明が記されている。すなわち、「マタヨム学校ハ義務教育 3 年ノ小学校
　　ヲ了リタルモノノ入学スル中等学校ニシテ修業年限男子 8 ヶ年、女子 6 ヶ
　　年トス　男子マタヨム学校 8 ヶ年ハ之ヲ初等 3 年、中等 3 年、高等 2 年ニ

区分ス、高等科ハ即チ大学予備門ニシテ之ヲ普通科、語学科及理科ニ分チ各科卒業生ヲ官立大学ニ入学セシム（中略）マタヨム 8 年卒業者ノ平均年齢ハ大体 17 才位ナリ」とある。

30 外務省記録前掲 I-1-2-0-3-1。

31 同上書。

32 同上書。

33 同上書。

34 同上書。
この史料（コピー）の欄外に、「シャム少年ハ頗ル早熟ナルヲ以テ「マタヨム」6 年修了者ノ 15,6 才ヲ日本ノ其ノ年令程度ノ者ニ看ルヲ得ズ、且ツ、日本語修学ニハ年少者（殊ニシャム少年ニ於テ）程成績良カラント愚考ス、マタヨム 8 年修了ノ要ナカラント存ス（天田）」のコメントが鉛筆書きで残されている。外務省担当官がタイに詳しい天田氏からコメントを得たものと考えられる。

35 外務省記録前掲 I-1-2-0-3-1。

36 同上書。

37 山口武（1939）前掲書、77 頁。

38 外務省記録前掲 I-1-2-0-3-1。

39 同上書。

40 同上書。

41 同上書。

42 同上書。

43 『伊藤祐民伝』1952 年、364 頁。

44 同上書、365 頁。

45 外務省記録前掲 I-1-2-0-3-1。

46 同上書。

47 前掲『伊藤祐民伝』、366 頁。

48 外務省記録前掲 I-1-2-0-3-1。

49 同上書。

50 前掲『伊藤祐民伝』365 頁。

51 外務省記録前掲 I-1-2-0-3-1。

52 同上書。

53 同上書。

54 山口武（1933）「暹羅の連盟棄権」『外交時報』第 679 号、156 頁。

55 前掲『伊藤祐民伝』、366 頁。

56 外務省記録前掲 I-1-2-0-3-1。

第6章　招致留学生奨学資金制度　201

57　同上書。
58　同上書。
59　同上書。
60　同上書。
61　同上書。
62　同上書。
63　同上書。
64　同上書。
65　同上書。
66　同上書。
67　同上書。
68　同上書。
69　同上書。
70　同上書。
71　同上書。
72　同上書。
73　同上書。
74　同上書。
75　同上書。
76　同上書。
77　同上書。
78　同上書。
79　同上書。
80　同上書。
81　矢田部厚彦（2002）前掲書、109頁。
82　外務省記録、前掲書の中に、台湾総督府警務局長石垣倉治から拓務省管理
　　局長、外務省東亜局長、内務省警保局長、警視庁、神奈川、愛知等各庁府
　　県長官宛に発信した1936年2月5日付警高秘甲第2058号信が保管され
　　ている。これには、3名が「2月2日午前6時高雄入港スラバヤ丸ニテ高
　　雄寄港4日内地ニ向ケ出帆」とあり、留学の目的等が詳細に記されている。
83　外務省記録前掲I-1-2-0-3-1。
84　同上書。
　　脚注346の警高秘甲第2058号信とともに外秘第522号信については、以
　　下の記述が参考になる。
　　「国内における言論・思想の統制が急速に進んでいた1930年代中葉の日本
　　にあっては、これまで文化的には希薄な関係しかなかった東南アジアから

の留学生が来日することは、少なくとも公安当局からみると一定の警戒を要するものとみなされた。」後藤乾一（1989）『日本占領期インドネシア研究』龍渓書舎、183頁。

85　外務省記録前掲 I-1-2-0-3-1。

86　同上書。

87　同上書。

88　同上書。

89　同上書。

90　同上書。

91　同上書。

92　同上書。

93　前掲『伊藤祐民伝』, p.207　及び、岡戸武平（1957）『伊藤家伝』中部経済新聞社, p.420

94　外務省記録前掲 I-1-2-0-3-1。

95　同上書。

96　前掲『伊藤祐民伝』、213頁。

97　外務省記録前掲 I-1-2-0-3-1。

98　同上書。

99　同上書。

100　同上書。
　　　1940年7月15日付で、三井タイ室は、笠原事務官宛に「タイ国徒弟教育計画案」を送付しており、名古屋日タイ協会等に送付してあると付記している。

101　前掲『伊藤祐民伝』、366-369頁。

102　上坂冬子 (1998)『揚輝荘、アジアに開いた窓』講談社、177頁。

103　同上書、180頁。

104　松宮一也（1938）「対暹文化事業雑記」『暹羅協会会報』第13号、49頁。

105　上坂冬子（1998）前掲書、156頁。

106　山口武(1939)「留日タイ国学生に就て」『暹羅協会会報』第16号、76-77頁。

107　Bunchua Phwongswaan (1942), " Banthukheetkaan khoong nakrian thii dairap thun paithiau yiipun chutthii 2" p.32

108　暹羅協会（1938）『暹羅協会会報』第10号、139頁。石射猪太郎著、伊藤隆・劉傑編（1993）『石射猪太郎日記』中央公論社、259頁、及び、『伊藤祐民伝』(1952)、196頁。

109　外務省記録前掲 I-1-2-0-3-1 所収の村井公使から有田外務大臣宛 1938 年11月9日付機密公第228号信。

第 6 章　招致留学生奨学資金制度　203

110　外務省記録、同上書所収の機密公第 228 号信及び同 1940 年 2 月 20 日付普通公第 35 号信。

結　論

結　論

　戦前の対タイ文化事業の主要アクターである稲垣満次郎と矢田部保吉は、駐タイ公使としてタイ在任期間が長く、稲垣は絶対王政の王室から、また、矢田部は立憲革命政府からと時代は異なるが、それぞれ時の政権から信頼され、文化事業面でも一定の功績を残している。

　稲垣満次郎は、「日暹修好通商航海条約」の締結・調印を無事完了し、一時帰国して関係先に報告を行ったが、伊藤博文首相から、日本・タイ両国間の接近は、フランスの反感を招く恐れがあると苦言を呈せられた。稲垣満次郎は、日タイの親交関係を維持するために、日本の世論を喚起する方策として文化事業に活路を見出そうとしたと考えられる。稲垣満次郎が発想した文化事業の主要なものとして、「仏骨奉迎事業」と「タイ皇后派遣学生の日本留学」について、それぞれ第3章および第4章において分析・検討を行った。

　「仏骨奉迎事業」については、稲垣公使は、インドで発掘されタイ国王に寄贈された仏骨の一部を日本にも分与してほしいと国王に懇願した結果、下賜されることになったので、日本仏教界に奉迎使節を派遣するよう勧告した。1900年6月に国王から日本仏教界に対して仏骨が頒与された。紆余曲折を経て、仏骨は名古屋の日暹寺に奉安された。仏骨奉迎事業は、①日本の対タイ文化事業として最初のものであった、②仏骨奉迎使節は、国王から国賓並みの歓待を受けた、③仏骨を奉安するための日本で唯一の超宗派寺院である日暹寺（現、日泰寺）を誕生させた、などの特質があり、日泰寺が文字通り日本とタイ（泰）を結ぶ日タイ友好の象徴としての役割を果たしていることに大きな意義があると考えられる。

　「タイ皇后派遣学生の日本留学」（留学事業）については、タイのサオワパーポーンシー皇后の要請に基づき、日本側はタイ人学生男女各4名を受入れ、十分に対応した。稲垣公使が、1902年11月17日の国王陛下即位記念祭

の時に、皇后に上奏したことが留学事業の起点であった。稲垣公使は、留学事業に関与していることから、一時帰国中に、菊池文部大臣をはじめ教育関係者に協力を要請するなど、留学事業の成功に尽力した。また、稲垣公使は、タイ文部省幹部の日本教育実情調査に協力するなど、教育面での協力を行った。これらは、文化協力として意義のある事業であったと言うことができる。

　以上2件の文化事業は、いずれも稲垣公使が、タイ（＝現地）で発想したものである。

　次に、矢田部保吉は、1928年7月に特命全権公使としてタイに着任した。1932年の立憲革命と翌33年6月のパポン、ピブーンによるクーデターを現地で経験した。矢田部公使は、国民国家として発展を期す新生タイに対して、同じアジアの独立国として日本こそ温かいヘルピングハンドを差し延べるべきであり、しかも日本のタイに対する協力が植民地支配的な支援ではなく、タイの主体的発展のための支援でなければならないと考えた。タイの現状は、未だ教育も十分に普及せず、民度も低い状態であるから、矢田部公使は、教育面での協力が重要であると考え、タイの青年を日本に留学させることを発想した。タイ（＝現地）に駐在していたからこそ、「招致留学生奨学資金制度」（奨学事業）を発想できたと言える。

　「招致留学生奨学資金制度」については、矢田部公使が発想し、名古屋の伊藤次郎左衛門が実現させたもので、運営母体として、1935年6月に名古屋日暹協会が設立された。タイ文部省における学術試験で選抜された者が、在タイ日本公使館で、人物考査および身体検査を行い、保護者の意向を確認した上で留学生が選抜された。1936年2月に3名が、37年4月に2名がそれぞれ来日し、1939年12月には、8名が名古屋で留学生活を送っていた。

　本奨学事業の特質として、①第1次から第3次にわたる留学生の選考・招致は、計画に示された手順どおりに公正に手続きが行われており、その過程の透明性は高い、②優秀な学生が来日し、概ね良好な学業成績を残した、③奨学事業の運営責任者であり留学生宿泊寮の寮長でもある三上孝基の存在が重要で、奨学事業成功の大きな要因となった、の3点が挙げられる。本奨学

事業は、タイの文化水準向上を願った文化協力・教育協力であるという面で意義があると言うことができる。

「仏骨奉迎事業」は宗教面で、「タイ皇后派遣学生の日本留学」、および「招致留学生奨学資金制度」は教育面で、それぞれ日本・タイ両国間の友好関係を構築し、維持する重要な文化事業であったと言うことができる。これらの文化事業は、いずれも、その主要アクターである稲垣満次郎と矢田部保吉がそれぞれタイ（＝現地）で発想したものである。当時の日本外務省（＝中央）の意識が欧米重視であったことを考えると、これらの文化事業を発想し、実現に導いた主要アクターの功績は大なるものがあると評価し得る。また、「タイ皇后派遣学生の日本留学」と「招致留学生奨学資金制度」は、タイの文化向上を企図した文化協力・教育協力という特性を有していた。1930年代半ば以降に実施されたタイにおける日本語教育事業やその他の文化事業は、日本（＝中央）で発想され、日本語の普及または日本文化の宣揚を主たる目的としていたことから、本稿の対象である文化事業は、それらとは異質であることが理解できる。文化事業の発想の起点と文化事業の特性との関連性、——現地で発想された文化事業には、文化協力・教育協力という特性を有していたという関連性——について、当該文化事業の分析・検討から検証することができたと考える。

次に、上述の対タイ文化事業を基点として、国際的視座から文化事業を検討し、そのファクター抽出を試みた。その結果、国際文化事業にとって重要なファクターとして、計画段階での「事業成功の強い意思」および「事業計画案の具体性・現実性」、また、事業推進組織における「リーダーシップ」、「広範な支援体制」および「事業の選択と集中」、さらに、実施段階での「プロセスの透明性」、「有能な運営責任者の存在」、「理念の継承」および「見返りを求めない人助けの精神」等を抽出することができた。これらのファクターは、企業経営等の事業にとっても重要なファクターであると考えられるが、とくに「見返りを求めない人助けの精神」は、国際文化事業にとって重要なファクターであると考えられる。これらのファクターは、社会の変遷や実態

を踏まえて分析・検討し、これからの国際文化事業のあり方を考究するための主要な参考材料になると考えられる。この点にファクター抽出の意義があると考える。

活動した時代は異なるが、稲垣満次郎も矢田部保吉も、タイに居住し、タイの発展を望み、タイのためになるように行動した証左が上述の文化事業である。稲垣も矢田部もタイに一種の魅力を感じていたと考えられる。その魅力の具現化したものが文化事業であったと言うことができる。その魅力は、両国間の友好関係の源泉になっていたと言えよう。

ハーバード大学ケネディスクールのジョセフ・S・ナイ（Joseph S. Nye, Jr.）教授は、その著書（2004）『ソフト・パワー――21世紀国際政治を制する見えざる力』で、「ソフト・パワーとは、自国が望む結果を他国も望むようにする力であり、他国を無理やり従わせるのではなく、味方につける力である。[1]」と述べている。また、

ソフト・パワーは他人を引きつける魅力でもあり、魅力があれば、他人は黙って従おうとすることが少なくない。単純化するなら、ソフト・パワーとは、行動という面でみれば、魅力の力である。力の源泉という面でみれば、ソフト・パワーの源泉はそうした魅力を生み出すものである。[2]

と述べ、さらに、

国のソフト・パワーは主に三つの源泉によるものである。第一が文化であり、他国がその国の文化に魅力を感じることが条件になる。第二が政治的な価値観であり、国内と国外でその価値観に恥じない行動をとっていることが条件になる。第三が外交政策であり、正当で敬意を払われるべきものとみられていることが条件になる。[3]

と述べている。

本稿が対象とした文化事業は、稲垣満次郎、矢田部保吉という二人のタイ駐劄公使が、それぞれ現地で発想し、実現に結びつけたものである。また、彼らがタイに駐在し、タイの発展に貢献しようとした活動の一部である。同時に日本への関心や好意をタイ国民に持ってもらいたいという意図があったと考えられる。ジョセフ・S・ナイ教授によれば、ソフト・パワーは他人を引きつける魅力であり、味方につける力であるということであるが、本研究の文化事業は、この「ソフト・パワー」に通ずるものがあると考えられ、その点に意義を見出せると言うことができる。

今後の課題として以下のことが考えられる。

第1に、戦前における日本の対タイ文化事業の対象を広げ、発想の起点と文化事業の特性との関連性を考究し、本研究の有効性を検証することである。とくに、1930年代半ば以降、日本は国際文化事業を本格的に展開したが、その目的は、海外に対する日本文化の宣揚であった。その状況下で、「現地発想＝文化協力・教育協力」という文化事業を検出することができるかが主要な課題である。

第2に、本研究において抽出された「国際文化事業にとって重要なファクター」の普遍性を検証することである。本研究では、「招致留学生奨学資金制度」を分析・検討する過程で、諸ファクターを検出したが、他の対タイ文化事業でも有効であるか検証する必要がある。その意味では、本研究は、その課題研究の「起点」であると言うことができる。

注
1　ナイ、ジョセフ・S、（山岡洋一訳）『ソフト・パワー──21世紀国際政治を制する見えざる力』日本経済新聞出版社、2004年9月13日、26頁。
2　同上書、27頁。
3　同上書、34頁。

あとがき　211

あとがき

　筆者は、2回に亘るタイ勤務を経験し、現地の人々の考え方や行動の仕方等をより実感的に理解するようになった。また、教育関係等タイの文化面に関心を持つに至った。そこで、積極的に国際交流に参画することを企図して、外国人に対する日本語教師の資格を取得した。さらに、研究を深めるために、大学院進学を志向した。

　筆者が早稲田大学大学院アジア太平洋研究科で、戦前の日タイ文化事業に関する研究を開始して間もなく、指導教官の村嶋英治教授より、外務省記録を丹念に調べると面白い発見があるとご指導いただいた。筆者は、東京麻布の外務省外交史料館で、膨大な外務省記録から価値ある情報を蒐集した。細かな文字でビッシリと書き写した20冊ほどのノートは、筆者の貴重な財産になっている。そのほか、国立公文書館やタイ国立公文書館（ＮＡＴ）の一次史料および国立国会図書館、東京都立図書館、名古屋市立図書館、早稲田大学図書館や他大学の図書館の関連諸資料もそれぞれ重要な役割を果たしている。

　筆者は、「現地対中央」という独自的な視座から文化事業を分析・検討した。これは、当該文化事業がどこで発想されたのか、つまり、発想の起点はどこか、という視点でとらえている。本研究が対象とした文化事業は、「現地」すなわちタイで発想されたもので、その後の「中央」発想の自国文化の宣揚という特性をもつ文化事業とは異なる文化事業の特性を有していたこと、換言すれば、発想の起点と文化事業の特性との関連性、が検証された。

　本書は、これらの諸資料を活用し、研究成果として完成させた博士論文を基調として刊行したものである。本書が今後の日タイ文化事業史研究の一助になれば望外の喜びである。

　本研究の開始から完成まで、懇切丁寧なご指導と温かい励ましを賜りました早稲田大学大学院アジア太平洋研究科村嶋英治教授に心より感謝を申し上

げます。

　また、本研究の完成に際しまして、ご指導を賜りました早稲田大学後藤乾一名誉教授、早稲田大学大学院アジア太平洋研究科早瀬晋三教授、および愛知大学国際コミュニケーション学部加納寛教授に謹んで感謝の意を表します。

　なお、本書の出版にあたり、柘植書房新社上浦英俊社長に多大なるご尽力をいただきました。お礼を申し上げます。

　　　2017 年 9 月

　　　　　　　　　　　　　　　　　　　　　　　　　佐 藤 照 雄

佐藤照雄氏の博士論文刊行に寄せて

早稲田大学大学院アジア太平洋研究科教授　村嶋英治

　本書は、佐藤照雄氏が 2016 年 3 月に早稲田大学より博士号を授与された博士論文（戦前期日本の対タイ文化事業―発想の起点と文化事業の特性との関連性―）に手を加えられ、刊行された待望の労作である。

　佐藤氏が早稲田大学大学院アジア太平洋研究科博士後期課程に在学されて、博士論文のために資料蒐集及び執筆をされた、2007 年以降の時期は、筆者が近代日本タイ関係史に関心をもって調査に従事した時期とも重なり、それだけに同氏の調査結果には深い関心を有し、また同氏の様々の研究成果や同氏が発掘された資料から多くを学ぶことができた。

　佐藤氏の博士論文の審査に当たっては、筆者を主査として、東南アジア地域研究の専門家である三先生に審査員をお願いした。即ち、後藤乾一早稲田大学名誉教授、早瀬晋三早稲田大学大学院アジア太平洋研究科教授、加納寛愛知大学国際コミュニケーション学部教授の御三方である。

　佐藤氏の論文を審査委員会は次のように評価した。

　日本が東南アジア諸国に対して実施した文化事業のなかで、タイ国に対する文化事業は最も早期に行われたものである。本論文は、19 世紀末から1930 年代半ばにかけて、日本・タイ両国間の親交を深めるために実施された日本の様々な対タイ文化事業の発想・企画および実施過程の実態を一次史料によって明らかにし、それら事業の発想された場所、即ち起点と文化事業の性格との関連性を分析しようとするものである。

　戦前の対タイ文化事業の主要なアクターとして、稲垣満次郎と矢田部保吉の 2 名を挙げることができる。稲垣、矢田部の両者は、駐タイ公使としてのタイ在任期間が長い。両者の在任時期は、稲垣はチュラーロンコーン王の絶対王政時代、また、矢田部は主に立憲革命政府時代と時代を異にするが、

それぞれ時の政権から信頼され、文化事業面でも一定の功績を残した点は共通している。

　本論文は、稲垣満次郎が関与した「仏骨奉迎事業」や「タイ皇后派遣学生の日本留学」および矢田部保吉が発想した「招致留学生奨学資金制度」を対象に、「現地」対「中央」の視点から、これらの文化事業がいかなる状況において発想され、どのような過程を経て成立したか、さらに、文化事業としていかなる特性を有していたかを解明することを目的としている。また、「招致留学生奨学資金制度」の分析・検討から、「国際文化事業」にとって重要なファクターを抽出することを試みている。

　本論文は、外務省外交史料館所蔵の多量の外務省記録を精査し、国立公文書館やタイ国立公文書館の一次史料および国立国会図書館、東京都立図書館、名古屋市立図書館、早稲田大学図書館や他大学の図書館の関連諸資料を活用して分析・記述を行っている。

　上述の文化事業はいずれも、タイ（＝現地）で発想されたものであり、「タイ皇后派遣学生の日本留学」と「招致留学生奨学資金制度」は、タイの文化向上を企図した文化協力・教育協力という特性を有していた。一方、1930年代半ば以降に実施されたタイにおける日本語教育事業やその他の文化事業は、日本政府（＝中央）主導で発想され、日本語の普及または日本文化の宣揚を主たる目的としていた。本研究が対象とした現地発想の前者の文化事業は、中央主導の後者のそれらとは対照的であり、異質なものであった。本論文は、文化事業の発想の起点と文化事業の特性との関連性に着目することによって、対外文化事業の性格の分類を可能にした。

　続いて、対タイ文化事業を基点として、国際的視座から文化事業を比較検討し、その成功のためのファクター抽出を試みている。その結果、国際文化事業成功にとって重要なファクターとして、計画段階での「事業成功の強い意思」、「事業計画案の具体性・現実性」、また、実施段階での「プロセスの透明性」、「有能な運営責任者の存在」、「理念の継承」および「見返りを求めない人助けの精神」等を抽出した。企業経営等の事業とは異なり、国際文化

事業においては、とりわけ「見返りを求めない人助けの精神」が重要なファクターであると指摘している。また、ここに抽出したファクターは、国際文化事業のあり方を考究する際の主要な指標となり得ることを指摘している。

　最後に本論文は次のように述べている。稲垣満次郎も矢田部保吉も、タイに一種の魅力を感じて、タイの発展を望み、タイのためになることを念頭において対タイ文化事業を発想し実施した。これらは、両国間の友好関係の基礎の一つとなっている。その意味で、彼らの文化事業は、「ソフト・パワー」論に通ずるものがある、と。

　以上のように本論文は、本格的な既存研究が存在しないタイに対する戦前期日本の文化事業という分野を、丹念な一次史料調査によって詳細に明らかにしたものであり、また、対外文化事業の２分類およびその成功の要因分析という枠組みは、今後対象地域を拡大して比較することによって、より精緻化が待たれるとは言え、説得力を有している。このように、本論文には学術上の独自性と新しさを備えており、学術上の貢献は少なくない。

　佐藤氏の研究は、日タイ関係史分野のパイオニアワークとしても高く評価される内容を有している。佐藤氏が、更に研究を進められることを期待すると共に、若い世代の研究者に同氏の研究が広く参照されることを期待したい。

参考文献

外務省記録

1-6-1-0-4-4「各国内政関係雑纂　暹国ノ部」

2-5-1-0-17「日暹修好通商航海条約終結一件」

3-10-1-0-8「宗教関係雑件」

3-10-5-0-4-1「各国ヨリ本邦ヘノ留学生関係雑件　暹国ノ部」

6-4-4-0-1-8「外国貴賓ノ来朝関係雑件　暹国ノ部」

A-6-0-0-1-27「諸外国内政関係雑纂　タイ国ノ部」

I-1-0-0-1「本邦ニ於ケル文化研究並同事業関係雑件」

I-1-0-0-4「各国ニ於ケル文化事業関係雑件」

I-1-1-0-1「本邦各国間文化交換関係雑件　第2巻」

I-1-2-0-3-1「在本邦各国留学生関係雑件　泰国ノ部」

I-1-3-0-11-3「本邦国語関係雑件　日本語学校関係」

I-1-4-0-3「本邦ニ於ケル教育制度並状況関係雑件」

I-1-10-0-1「各国ニ於ケル協会及文化団体関係雑件」

I-1-10-0-2-14「本邦ニ於ケル協会及文化団体関係雑件　暹羅協会関係」

I-1-10-0-2-17「本邦ニ於ケル協会及文化団体関係雑件　国際文化振興会関係」

I-1-10-0-2-18「本邦ニ於ケル協会及文化団体関係雑件　国際学友会関係」

外務省編（1965）『日本外交年表並主要文書　上巻』、原書房
　　　同上（1966）『日本外交年表並主要文書　下巻』、原書房

外務省文化事業部編（1973）『国際文化交流の現状と展望（1972年)』、大蔵省
　　印刷局

国立公文書館史料 2A-013-012（1897）「暹羅国駐箚弁理公使稲垣満次郎同国摂
　　政皇后陛下ニ謁見御信任状捧呈ノ件」

その他文献

開発社『教育時論』第639号（1903.1)、第653号（1903.6)、第726号（1905.6)

金港堂書籍『教育界』第2巻第9号（1903.7)、第4巻第9号（1905.7)

暹羅協会『暹羅協会会報』第1号（1935)、第1号付録（1935)、第6号（1937)、
　　第7号（1937)、第9号（1937.12)

帝国教育会『教育公報』第272号（1903.6)

東邦協会『東邦協会報告』第1（1891.5)、第2（1891.6)、第3（1891.7)、

参考文献　217

第 34（1894.3）

東邦協会『東邦協会会報』第 15 号（1895.10）、第 16 号（1895.11）、第 18
　　　号（1896.1）、第 25 号（1896.8）、第 33 号（1897.4）、第 50 号（1898.9）、
　　　第 217 号（1914.4）

赤木攻（1978）「タイ国の近代化過程における海外留学―絶対王制との関連に
　　　おいて―」『国立教育研究所紀要』第 94 集、国立教育研究所、215‐230
　　　頁

　　　〃（1981）「チャオプラヤー・プラサデット――タイ近代教育の案内者――」、
　　　阿部洋編『現代に生きる教育思想　第 8 巻　アジア』ぎょうせい、251‐
　　　284 頁

葦名信光（1902）『釈尊御遺形奉迎紀要』日本大菩提会本部

天田六郎（1939）「米人宣教師始めて入泰の事」『日本タイ協会会報』第 17 号

有田八郎（1959）『馬鹿八と人はいう――　一外交官の回想―』光和堂

飯田順三（1998）『日・タイ条約関係の史的展開過程に関する研究』、創価大学
　　　アジア研究所

石射猪太郎（1986）『外交官の一生』中公文庫

石射猪太郎、伊藤隆・劉傑編（1993）『石射猪太郎日記』中央公論社

石井米雄・吉川利治（1987）『日・タイ交流六百年史』講談社

石川半山（1910）「友人阿川鐵膽」石川安次郎編『鐵膽阿川太良』

石黒修（1941）『日本語の世界化（国語発展と国語政策』修文館

稲垣満次郎（1894）『南征秘談』大隈文書 A770

　　　〃（1896）「日本大使館ヲ清国北京ニ設立スベキノ議」『東邦協会会報』
　　　第 18 号

　　　〃（1896）「暹羅と締結すべき修好通商条約の條款」『東邦協会会報』
　　　第 25 号

　　　〃（1898）「日暹條約の精神及條款」『東邦協会会報』第 50 号

岩本千綱、大三輪延彌（1900）『仏骨奉迎始末』

上田　實（1995）「江戸期・明治期における伊藤次郎左衛門家の企業者活動」『名
　　　古屋文理短期大学紀要』第 20 号、45‐54 頁

頴原善徳（1998）「稲垣満次郎論――明治日本と太平洋・アメリカ――」『ヒス
　　　トリア』通号 160、大阪歴史学会、2‐26 頁

奥村鐵男（1941）「宗教及教育制度」、宮原武雄編著『躍進泰国の全貌』愛国新聞社。

外務省情報部（1937）「日暹修好五十年の回顧」『暹羅協会会報』

加藤龍明（2000）『微笑みの白塔　釈尊真骨奉安百周年』中日新聞社

加納　寛（2001）「1942 年日泰文化協定をめぐる文化交流と文化政策」『愛知

大学国際問題研究所紀要』（アジア文化交流特集号）

岸本昌也（1995）「日タイ「宗教」外交の展開—昭和十八年仏舎利奉遷をめぐって—」近代日本研究会編『政府と民間——対外政策の創出』山川出版社

木下　昭（2009）「1930 年代の在日フィリピン人留学生と国際関係——日本帝国によるソフト・パワー政策の一断面——」『東南アジア研究』47 巻 2 号、210 - 226 頁

来馬琢堂（1916）『黙仙禅師南国順禮記』平和書院

　　〃（1937）「暹羅国訪問の回顧」『暹羅協会会報』12 月号

国際文化振興会（1935）『財団法人国際文化振興会　設立経過及昭和九年度事業報告書』

　　　　〃　　（1964）『KBS30 年のあゆみ』

黒龍会（1966）『東亜先覚志士記伝（中巻）』原書房

　〃（1966）『東亜先覚志士記伝（下巻）』原書房

小松　緑（1937）「暹羅駐在中の追憶」『暹羅協会会報』12 月号

小室重弘（1903）『釈尊御遺形伝来史』岡部豊吉

三枝茂智（1931）『対外文化事業に就て』外務省文化事業部

坂根義久（1970）『青木周蔵自伝』平凡社

芝崎厚士（1999）『近代日本と国際文化交流——国際文化振興会の創設と展開』有信堂

ジョセフ・S・ナイ（山岡洋一訳、2004）『ソフト・パワー——21 世紀国際政治を制する見えざる力』日本経済新聞出版社

高楠順次郎（1900）「釈尊の遺骨及その史伝」『史学雑誌』第 11 編第 7 号、66 - 79 頁

高野郁朗編（1977）『十五代伊藤次郎左衛門祐民追想録』中日新聞社

高階瓏仙編（1962）『日置黙仙禅師伝』大法輪閣

田中彌十郎（1943）「稲垣満次郎と泰国」『国際評論』第 8 巻第 4 号

チャリダー・ブアワンポン（1990）「明治期シャム国日本派遣女子留学生について」『法政史学』第 42 号、法政大学史学会、84 - 105 頁

東京工業大学編（1940）『東京工業大学六十年史』

東京女子高等師範学校編（1981 復刻）『東京女子高等師範学校六十年史』第一書房

ナワポーン・ハンパイブーン（2011）「タイ国近代化形成期における日本との仏教交流」『アジア太平洋研究科論集　20 号』早稲田大学大学院アジア太平洋研究科

ナワポーン・ハンパイブーン（早稲田大学博士論文、2012）「タイと日本の仏

教交流：タイ・日関係史の一側面―国交開始から第二次世界大戦終戦に至るまで（1887 年 ‐ 1945 年）―」

南條文雄（1924）『南條文雄自叙伝』沈石山房。

西野順治郎（1984）『新版増補　日・タイ四百年史』時事通信社

根本　敬（1992）「ビルマ（ミャンマー）」吉川利治編『近現代史のなかの日本と東南アジア』東京書籍

野口謹次郎（1937）「暹羅学生と日本語の問題」『暹羅協会会報』第 8 号、34 ‐ 41 頁

塙　薫蔵（1937）『稲垣満次郎謇諤録』愛宕山荘

平等通照（1943）「泰国に於ける日本語教授」国語文化学会『外地・大陸・南方　日本語教授實践』国語文化研究所、234 ‐ 238 頁

平等通照・幸枝（1979）『我が家の日泰通信』印度学研究所

広瀬玲子（1997）「明治中期日本の自立化構想――稲垣満次郎における西欧とアジア」『史艸』38、日本女子大学、56 ‐ 84 頁

星田晋五（1941）「タイ国に於ける日本語」『新亜細亜』

松井嘉和、北村武士、ウォーラウット・チラソンバット（1999）『タイにおける日本語教育―その基盤と生成と発展―』錦正社

松宮一也（1938）「対暹文化事業雑記」『暹羅協会会報』第 13 号

　　〃（1942）『日本語の世界的進出』婦女界社

宮崎申郎（2002）「矢田部公使の対シャム工作」『特命全権公使　矢田部保吉』矢田部会、227-241 頁

村嶋英治（1996）『ピブーン――独立タイ王国の立憲革命』、岩波書店

　　〃（2002）「矢田部公使のタイ研究及び留学生事業――今日への遺産」『特命全権公使　矢田部保吉』矢田部会、115-131 頁

　　〃（2014）「日本人タイ研究者第一号　岩本千綱（36）」『クルンテープ』（タイ国日本人会）、9 月号、8 ‐ 16 頁

村田翼夫（1978）「戦前における日・タイ間の人的交流―タイ人の日本留学を中心として―」『国立教育研究所紀要　第 94 集』国立教育研究所、187 ‐ 214 頁

安井　哲（1937）「在暹中の思ひ出」『暹羅協会会報』12 月号

矢田長之助（1935）「日暹提携論」『暹羅協会会報』第 1 号付録。

　　〃　（1937）「暹羅に関する思出で」『暹羅協会会報』12 月号

矢田部厚彦（2002）「1930 年代の日・シャム関係と矢田部公使」『特命全権公使　矢田部保吉』矢田部会、55 ‐ 114 頁

矢田部保吉（1930）「在暹昭和四年の回顧」日暹貿易協会『暹羅之事情』、7 ‐

19 頁

〃　（1931）「暹羅事情」『南洋協会雑誌』17 巻 5 号、5 ‐ 12 頁

〃　（1931）「暹羅事情（二）」『南洋協会雑誌』17 巻 6 号、5 ‐ 13 頁

〃　（1933）「最近の暹羅に於ける一般情勢」『南洋協会雑誌』19 巻 11 号、4 ‐ 12 頁

〃　（1933）「最近の暹羅に於ける一般情勢（二）」『南洋協会雑誌』19 巻 12 号、4 ‐ 10 頁

〃　（1933）「最近の暹羅」『外交時報』No.693、129-138 頁

〃　（1933）「シャムの近情」『国際知識』日本国際協会、64 ‐ 88 頁

〃　（1936）「シャム国革命政変の回顧」『暹羅協会会報』第 5 号、1 ‐ 63 頁

〃　（1937）「革新途上の暹羅」『日本評論』、282-288 頁

〃　（1938）「新興国暹羅」『暹羅協会会報』第 10 号

〃　（1939）「更生タイ国の地位と其の動向」『外交時報』No.836、235-245 頁

柳澤　健（1934a）「国際文化事業とは何ぞや」『外交時報』第 704 号、71 ‐ 92 頁。

〃　（1934b）「国際文化事業とは何ぞや（続）」『外交時報』第 706 号、29 ‐ 52 頁。

〃　（1943）『泰国と日本文化』不二書房

山浦雄三（2001）「稲垣満次郎と環太平洋構想」『立命館経済学』第 49 巻第 6 号、立命館大学経済学会、1 ‐ 16 頁。

山口　武（1937）「暹羅協会の生立より最近迄の歩み」『暹羅協会会報』12 月号

〃　（1937）「在暹羅日本公使館開設以後現在迄の日暹関係を概述して」『暹羅協会会報』12 月号

〃　（1939）「留日タイ国学生に就て」『日本タイ協会会報』第 16 号、71 ‐ 77 頁

山根智恵（2003）「明治期における異文化接触―シャム国女子留学生を預かった雨森釧の日記をもとに―」『山陽論叢』第 10 巻、山陽学園大学、103 ‐ 116 頁

弓波明哲（1900）『佛舎利叢談』、興教書院

吉川利治（1978）「『アジア主義』者のタイ国進出――明治中期の一側面」『東南アジア研究』16 巻 1 号、78 ‐ 93 頁

吉川利治編（1992）『近現代史のなかの日本と東南アジア』東京書籍

吉田千鶴子（2009）『近代東アジア美術留学生の研究―東京美術学校留学生史

料—』、ゆまに書房

Aldrich, Richard J. (1993), *The Key to the South : Britain, the United States, and Thailand during the Approach of the Pacific War, 1926-1942*, Oxford University Press.

Charivat Santaputra, *Thai Foreign Policy, 1932-1946 Bangkok*: Social Science Association of Thailand, 1987

Flood, E. T.（1967）, *Japan's Relations with Thailand, 1928-41*, Ph. D. dissertation, University of Washington.

Fosdick, Raymond B. (1952), *The Story of The Rockefeller Foundation*, Harper & Brothers

Landon, Kenneth P. (1939）, *Siam in Transition*, University of Chicago Press

McFarland, G. Bradley (ed.) (1928), *Historical Sketch of Protestant Missions in Siam 1828-1928*, White Lotus Press, Bangkok.

Reynolds, E. Bruce (1991), *Imperial Japan's Cultural Program in Thailand*, Goodman, Grant K. (ed.), Japanese Cultural Policies in Southeast Asia during World War 2.

■著　者

佐藤　照雄（さとう　てるお）

1941年12月、東京都生まれ。

1965年、横浜国立大学経済学部卒業。

1965〜2003年、旭硝子株式会社勤務。その間、1989〜91年と2000〜03年の2回、同社のタイ現地法人2社に出向、日本人代表として事業経営に尽力。

2004年9月、早稲田大学大学院アジア太平洋研究科修士課程入学。

2016年3月、同大学院アジア太平洋研究科後期博士課程修了、学位取得、博士（学術）。

現在、日タイ文化事業史研究所長。

カバー写真：小室重弘編著『釈迦御遺形伝来史』より

戦前期日本の対タイ文化事業――発想の起点と文化事業の特性との関連性

2017年11月5日　初版第1刷発行　定価3,000円＋税

著　者　　佐藤　照雄
装　幀　　犬塚勝一
発行所　　柘植書房新社
　　　　　〒113-0033　東京都文京区白山1-2-10　秋田ハウス102
　　　　　TEL03-3818-9270　FAX03-3818-9274
　　　　　http://www.tsugeshobo.com　郵便振替00160-4-113372
印刷・製本　　創栄図書印刷株式会社

乱丁・落丁はお取り替えいたします。　　　　　ISBN978-4-8068-0698-1 C3020

JPCA 本書は日本出版著作権協会（JPCA）が委託管理する著作物です。
日本出版著作権協会 複写（コピー）・複製、その他著作物の利用については、事前に
http://www.jpca.jp.net/ 日本出版著作権協会（電話03-3812-9424、info@jpca.jp.net）の許諾を得てください。

◆好評既刊

元衆議院議員・福島民友新聞社社長
菅家喜六「世界一周記」
昭和6年、激動のヨーロッパ・アジアを歩く
菅家喜六先生「伝記」刊行会編・町田久次〔解説〕
A5判上製／定価3200円＋税
ISBN978-4-8068-0690-5 C0026

戦争巡歴
同盟通信記者が見た日中戦争、欧州戦争、太平洋戦争
大屋久寿雄著・鳥居英晴〔編集・解説〕
A5判上製／定価7500円＋税
ISBN978-4-8068-0685-1 C0030